Gipfeltreffen am Ort der Orte. Im Mai 2014 reiste Papst Franziskus ins Heilige Land und traf den Patriarchen Bartholomaios von Konstantinopel in der Grabeskirche, dem Ort, an dem nach christlicher Überzeugung Christus gestorben ist und begraben wurde. Sie beten um Einheit und küssen den Salbungsstein – den Stein, auf dem Jesus nach seinem Tod gesalbt worden sein soll.

Der spontane Papst. Im Laufe des Heiligen Jahres der Barmherzigkeit (2015–2016) gab es auch im Vatikan Angebote für Jugendliche. An einem Samstag im April trat Franziskus auf den Petersplatz, der voll von Menschen war. 16 junge Menschen hatten unerwartet die Gelegenheit bei ihm zu beichten.

Auf dem Soldatenfriedhof in Nettuno bei Rom liegen 7.861 alliierte Gefallene begraben. An Allerseelen 2017 legte Papst Franziskus zehn weiße Rosen auf die Gräber von jüdischen und christlichen Soldaten und feierte anschließend die Messe für die Gefallenen aller Kriege. Sein Appell: „Nie wieder Krieg, dieses sinnlose Gemetzel!"

Papst Franziskus will wissen, was die Jugend denkt. Im Oktober 2018 tagte die Bischofsynode in Rom zum Thema „Die Jugendlichen, der Glaube und die Berufungsunterscheidung". Es nahmen, neben den Bischöfen, auch Jugendliche aus der ganzen Welt daran teil.

Vom 6. bis 27. Oktober 2019 fand eine Sonderversammlung von Bischöfen, Ordensleuten und Experten aus der Amazonasregion im Vatikan statt. Zentrale Themen waren die Umweltverschmutzung und -zerstörung, die Aufmerksamkeit auf die Traditionen der indigenen Bevölkerung und die Probleme der Seelsorge in den oft schwer zugänglichen Gebieten dieser Region. Das Abschlussdokument *Querida Amazonia* erschien im Februar 2020.

Der harte Lockdown in Italien 2020 ging auch am Papst nicht vorüber. Franziskus, der sich so sehr über die Nähe zu den Menschen freut, musste umdenken. Am Karfreitag schritt er fast ganz

allein über den leeren Petersplatz und betete den Kreuzweg. Die Texte waren zum Teil von Häftlingen verfasst worden.

2021: Ein Albtraum für Schweizergarde und Gendameria, eine Freude für die Gläubigen. Papst Franziskus kann spontan auf die

Menschen eingehen und spielt offenbar gerne Tischkicker. Ob er gewonnen hat?

„Wenn ihr Kriege um euch herum seht, resigniert nicht! Die Menschen wollen Frieden." Papst Franziskus rief bei einem Friedensgebet Ende Oktober 2022 im Kolosseum dazu auf, Tag für Tag mehr Frieden zu stiften. An dem interreligiösen Treffen nahmen Vertreter vieler Religionen teil.

Papst Franziskus, der Rufer in der Wüste

Jürgen Erbacher
Bernd Hagenkord SJ
Stefan von Kempis

Papst Franziskus
der Rufer
in der Wüste

benno

Grundlage des Buches ist die Veranstaltungsreihe der Katholischen Akademie
Dresden zum Thema: „Der Pontifex der Überraschungen – Papst Franziskus".

Katholische Akademie
Bistum Dresden-Meißen

Texte von Papst Franziskus:
© Dicastero per la Comunicazione – Libreria Editrice Vaticana

Bibliografische Information der Deutschen Nationalbibliothek
Die Deutsche Nationalbibliothek verzeichnet diese Publikation
in der Deutschen Nationalbibliografie; detaillierte bibliografische
Informationen sind im Internet über http://dnb.d-nb.de abrufbar.

**Besuchen Sie uns im Internet:
www.st-benno.de**

Gern informieren wir Sie unverbindlich und aktuell auch in unserem
Newsletter zum Verlagsprogramm, zu Neuerscheinungen und Aktionen.
Einfach anmelden unter www.vivat.de.

ISBN 978-3-7462-6318-2

© St. Benno Verlag GmbH, Leipzig 2023
Umschlaggestaltung: Ulrike Vetter, Leipzig
Umschlagillustration: © picture alliance/AP Photo | Alessandra Tarantino
Gesamtherstellung: Kontext, Dresden (A)

Inhalt

Thomas Arnold, *Franziskus, der Versöhner
des Volkes Gottes* …   6

Bernd Hagenkord SJ, *Der Pontifex der Überraschungen*   9

Jürgen Erbacher, *Elf Jahre Papst Franziskus*   33

Stefan von Kempis, *Papst Franziskus:
Ein Rufer in der Wüste?*   54

Papst Franziskus, *Wir brauchen keine andere Kirche,
aber wir brauchen eine Kirche, die anders ist*   69

Zeitleiste   88

Kurzbiografien der Autoren   93

Bildnachweis   94

Thomas Arnold

Franziskus, der Versöhner des Volkes Gottes ...

Es ist Wüstenzeit in der Kirche. Und das nicht erst seit Papst Franziskus. Mitte des 20. Jahrhunderts gab es mit dem Zweiten Vatikanischen Konzil und den Synoden vor Ort einen Aufbruch des Katholizismus, der das Gefühl vermittelte, als pilgerndes Volk Gottes in der Moderne anzukommen. Mehr noch: Die Aufbrechenden im Volk versprachen sich ein Ausrichten an den Zeichen der Zeit, um sie im Licht des Evangeliums zu prüfen und daraus als Jünger Jesu in Freude und Leid bei den Menschen zu sein. Doch schon der biblische Exodus zeigt, wie mühsam der Weg ins gelobte Land ist. Einige wollen bleiben, weil sie wissen, was sie haben. Andere suchen sich das Goldene Kalb, das schnell die Verheißung einlösen kann, aber letztlich nur von kurzer Dauer ist. Übertragen auf die letzten Jahrzehnte bedeutet dies eine Kirche, die einerseits zur Weltkirche anwächst und Erneuerung will, andererseits aber in ihrer über Jahrhunderte andauernden europäischen Kultur-Prägung vor der Herausforderung steht, wie ihr sowohl eine wirkliche Inkulturation in den jeweiligen Raum der Kirche vor Ort gelingt als auch in die Zeit der Menschen, denen sie als Werkzeug zu Gott hin dienen will. In diesem Ringen droht das Volk Gottes auseinanderzurennen. Es ist kein Kulturpessimismus, sondern eine Beschreibung des Ringens um eine neue Verhältnisbestimmung zwischen Globalisierung und Lokalisierung – und zwar sowohl in Raum und Zeit.
Würde nicht dieses Ringen schon ausreichen, holt die Glaubensgemeinschaft in den letzten beiden Jahrzehnten die

Schuld der Vergangenheit ein und verstärkt damit die Wüstenzeit. Der sexuelle Missbrauch im Raum der Kirche ist auf allen Kontinenten existent, wenn auch noch nicht überall klar benannt. Die Sakralisierung des Amtes verhindert, ihn an allen Orten so stark wie möglich zu verhindern. Hinzu kommt die Schuld aus der Kolonialgeschichte des 19. und 20. Jahrhunderts, die zuletzt in Kanada sichtbar wurde, aber noch am Anfang ihrer Aufdeckung steht. Die Frage der angemessenen Inkulturation und des richtigen Weges einer Mission unter Akzeptanz der Würde des Einzelnen und seines Rechts auf Religionsfreiheit wird die Kirche weiter beschäftigen.
Mitten in diese Wüstenzeit wählten die Kardinäle im März 2013 den Jesuiten Jorge Mario Bergoglio vom „anderen Ende der Welt". Seitdem wurde er mit seinem Amtsstil zum Rufer. Die Enzykliken rüttelten auf, der jesuitische Stil öffnete Diskussionen und manche spontane Äußerung ermöglichte vielfältige Interpretationen. Manche hat er nach einem Jahrzehnt seines Pontifikats ernüchtert, wenn nicht sogar enttäuscht. Mich nicht. Vielmehr überzeugt er mich, wie er die „Enfants terribles" der Kirche fördert, um Veränderungen voranzubringen, ohne dem Amt der Einheit die Bedeutung zu nehmen. Er steht für eine sozial-ökologische Marktwirtschaft, die in unserer Hemisphäre so normal scheint, aber auf vielen Kontinenten von der Gier Einzelner verdrängt wird. Seine immer wiederkehrende Rede vom Dritten Weltkrieg auf Raten stellt sich ebenso wie seine Rede von der Zeitenwende im Nachhinein als prophetische Mahnung heraus, noch bevor wir verstanden, was er meinte. Im tiefsten Kern aber verfolgt er eine Theologie der Versöhnung, die von der eigenen Biografie durchdrungen ist. Gerade in einem Jahrhundert der Polarisierung des Analogen, befeuert im Digitalen, ist dies ein Wert, der noch zu wenig reflektiert ist. Dabei

bringt gerade das Christentum mit seiner Tradition und der Heiligen Schrift einen 2000-jährigen Erfahrungshorizont mit. Der Rufer in der Wüste ist also vielmehr ein Versöhner des Volkes Gottes. Lassen Sie sich in diesem Buch auf sein Pontifikat ein. Es lohnt, um sein Denken von einer missionarischen Kirche in dieser Zeit zu verstehen!
Dieses Buch versammelt drei Texte von Autoren, die das Pontifikat Franziskus auf besondere Art und Weise begleitet haben. Pater Bernd Hagenkord leitete zehn Jahre lang die Redaktion der deutschsprachigen Sektion von Radio Vatikan bzw. Vatican News. Jürgen Erbacher ist seit 2018 Chef der ZDF-Redaktion „Kirche und Leben katholisch", berichtet aber schon seit 1999 aus Rom. Stefan von Kempis ist schon seit 1995 bei Radio Vatikan beschäftigt, und leitet die deutschsprachige Sektion seit 2019. Dieses Buch bietet einen Rückblick auf das Wirken von Papst Franziskus, erschließt das Denken dieses Visionärs und erlaubt einen Ausblick auf das, was das Oberhaupt der Katholiken für seine Kirche wünscht.

Bernd Hagenkord SJ

Der Pontifex der Überraschungen

Als Einstieg möchte ich Ihnen zwei Pole anbieten, um die sich wohl viele Wahrnehmungen des Papstes sammeln. Das sind nicht vielleicht mal die Ihren und es ist sehr grob unterteilt, aber als zwei Pole finde ich sie ganz hilfreich.
Zum ersten ist da natürlich die Faszination, die dieser Papst immer noch ausübt. Medienwissenschaftler weinen jede Nacht in ihr Bett, dass dieser Hype überhaupt nicht nachlässt. Dahinter steckt die Faszination für die Schlichtheit des Papstes, sein Charisma, das sich offensichtlich auch auf Fernsehschirme überträgt, sodass es nicht nur lokal erfahrbar ist, die Begeisterung, die er auslöst, die Interviews, die immer und immer wieder kommen, teils auch sehr lange Interviews, die man eigentlich „Gespräch" nennen müsste, denn es sind keine Interviews im klassischen Sinn. In der „Zeit" steht, dass wir das Christentum auch gerne so hätten, aber leider nicht haben. Man wünscht es sich manchmal also genau so. Das ist der eine Pol, und der andere Pol, der auch immer wieder vorkommt, vor allen Dingen bei uns Journalisten, das sind die Gegner im Vatikan, die Plakataktion, die in Rom stattgefunden hat, der Widerstand oder vielleicht, wenn es nicht der Widerstand ist, dann doch die Verunsicherung mit diesem Papst. Was will der Mann eigentlich genau? Die Ungeduld oder die Enttäuschung mit Reformen oder im Umgang mit einzelnen Themen, zum Beispiel dem Missbrauchsthema, nicht nachvollziehbare Entscheidungen vielleicht, die Rolle von Kardinal Müller und so weiter. Das Unbehagen kommt vielleicht von Erwartungen, die man hat. Man wird mit Geschichten gefüttert, beispielsweise vom „Kämpfer im

Vatikan" und so weiter, aber das löst sich nicht so richtig auf. Es gibt sehr viel Unbehagen. Und das sind die beiden Pole, mit denen ich einsteigen möchte.

Wie gesagt, nun sehen wir im Vatikan oft den Wald vor lauter Bäumen nicht. Jeden Tag gibt es hier etwas zu berichten. Immer wieder gibt es neue Initiativen, Menschen, Reisen, Themen und vor allen Dingen Aufreger. „Wo war er heute Abend schon wieder?" Vor allem in Redaktionsstuben wird das immer gern als Aufhänger genommen. „Vorsicht, der Papst hat gerade den Vatikan verlassen."

Trotzdem möchte ich aber versuchen, ein kleines Koordinatensystem zu entwickeln. Die Idee dahinter wäre, diese einzelnen Themen und Antworten und Fragen und Zeichen des Papstes etwas verstehbarer zu machen. Das soll keine Analyse sein. Ich mag auch das Wort „Bilanz" nicht nach nur vier Jahren; es hört sich an, als wäre etwas abgeschlossen. Und wenn dieser Papst und sein Pontifikat irgendetwas ist, dann sicher nicht abgeschlossen. Aber ich finde, ein Koordinatensystem lässt sich nutzbringend formulieren. Und nach vier Jahren ist es sicherlich auch gut möglich.

Die Koordinate Nummer 1, da beginne ich auf dem Balkon am 13. März 2013. Das ist jetzt nicht sonderlich originell. Fast alle Papstbeschreibungen fangen mit dem Abend nach der Wahl an. Aber ich finde es immer noch bezeichnend, dieser Abend, diese Szene, die Balkonszene, wenn ich das mit Shakespeare sagen darf, drückt viel von dem aus, was sich nachher erst entwickeln sollte. Da zeigen sich Charaktereigenschaften, tiefsitzende Überzeugungen des Papstes, die sich danach in den letzten vier Jahren gezeigt haben. Denn was diese Balkonszene zeigt, ist, dass dieser Papst Distanzen abbaut. Das ist die ganze Essenz seines „Buonasera". Er tritt auf den Balkon und sagt „Buonasera" und der Applaus brandet auf. Obwohl er 30 oder 40 Meter hoch und 150 Meter weit weg ist, kommt er einem dadurch unglaublich nahe, dass er einfach ganz normal einen schönen guten Abend wünscht. Und das zieht sich auch bis heute durch. Das baut Distanzen ab, genauso wie das Weglassen von zeremoniellen Gewändern, deren Gebrauch niemand mehr versteht. Beispielsweise eine rote Mozetta, die hatte mal einen Sinn, das ist aber eine Zeichensprache, die heute keiner mehr versteht. Es baut Distanzen ab, dass er das einfach mal souverän weglässt. Das kann man auch jeden Mittwoch auf dem Petersplatz sehen, wenn er Generalaudienzen hat. Noch intensiver finde ich es, wenn er Pfarrei-Besuche in Rom macht. Da wird überall umarmt. Der Papst will Nähe und das heißt vor allem, also für ihn ganz besonders, physische Nähe. Er ist völlig angstbefreit, was den Kontakt mit Menschen angeht. Das hat auch methodische Auswirkungen. Wenn er die Fußwaschung macht, das ist mir ein bisschen zu viel. Da legt er eine Überzeugung hinein, diesen Kontakt mit den Menschen auch liturgisch umzusetzen, das ist ihm wahnsinnig wichtig.

Wir sehen einen genialen Kommunikator. Seine Sprache ist klar und verständlich. Ich zitiere im Folgenden immer wieder das Dokument *Evangelii gaudium*. Das ist sein erstes großes Stück, noch 2013 erschienen. Dieses Dokument braucht keinen Fachmann für Kirchensprech, um verstanden zu werden. Das kann jeder von uns auch ohne Theologiestudium. An manchen Stellen hakt es dann zwar, aber man kann es lesen und verstehen, vor allen Dingen kann man auch lachen. Das ist ja bewusst, also keine ungewollte Komik, sondern es ist wirklich gewollte Komik. Und wo gibt es Dokumente in der Kirche, z. B. der deutschen Bischofskonferenz, wo man mal lachen kann? Das ist nach meiner Erfahrung eher selten. Zum einen liegt das an der Sprache selber, die der Papst verwendet, die sofort verstehbar ist. Er zitiert nicht, er schreibt, wie er spricht, und will vor allem eins, verstanden werden. Und das sind auch keine Texte für die Ewigkeit, das muss man auch wissen. Das sind kommunikative Akte, er kommuniziert mit den Leuten. Auch die Predigten morgens früh, die er hält, die hält er für die vierzig Menschen, die in der Kapelle sitzen. Das ist nicht zum nachher Herausgeben und zum Bücher verkaufen. Das können Sie gerne machen, aber dafür sind die nicht da. Die sind nicht zum Aufschreiben da, sondern zum Reden. Dazu gehören auch die Sprachbilder, die der Papst benutzt, vor allem in den Morgenmessen. „Maria ist keine Postbeamtin, die täglich Briefe zustellt", ist so eine kleine Spitze gegen gewisse Marienerscheinungen. „Wir sollen keine Museumschristen sein", „Kirche ist keine Zollstation", „Wir haben alle einen Hochschulabschluss in Sünde" usw. Die Bilder werden sofort verstanden. Da weiß jeder sofort – also aus dem Zusammenhang gerissen natürlich weniger, aber im Zusammenhang versteht jeder sofort –, was dieser Papst sagen will, Ich behaupte, wir verstehen das, bevor unser Gehirn anfängt, es zu analysieren. Das merkt man auch an so leicht schief gegangenen Sprachbildern wie die Sache mit den Karnickeln. Auf dem Rückflug von Mexiko bei der Pressekonferenz sagte er, Katholiken müssen sich ja nicht wie Karnickel vermehren. Es ist sofort klar, was er meint. Natürlich ist die Metapher völlig schräg. Und der Vorsitzende des Bundes Deutscher Karnickelzüchter e.V. war glücklich, mal interviewt zu werden. Aber es war völlig klar, was der Papst sagen wollte.

Ausnahmen gibt es auch immer wieder. Eine Geschichte mit ebenfalls schräger Metapher war zum Beispiel die mit dem Kinder-Schlagen. Da sagte er, wenn man die Kinder nicht ins Gesicht schlägt, sondern hinten, ist das schon viel besser. Und natürlich geht das gar nicht. Das war ein Fehler, das kann man so nicht sagen. Wobei mir ein Papst, der Fehler macht, lieber ist als einer, der alles vorher dreimal von irgendwelchen Leuten durchlesen lässt.

Zur Kommunikation gehören auch die Gesten, die Umarmungen, die Handbewegungen. Auch hier ist es ganz besonders intensiv bei den Besuchen, die der Papst in den Gemeinden macht und wo er ganz nahe bei den Menschen ist, ohne Raum dazwischen. Bei seinem Besuch in Neapel nach einhalb Jahren Pontifikat war das sehr erstaunlich. Er hat eine Volkstribun-Rede gehalten. Er hatte sich in den Stadtteil gestellt, der beherrscht wird von der Mafia, umringt von Menschen, ohne Sicherheitsbeamte – die standen alle etwas abseits – und hat ganz deutlich, aber eben auch mit sehr viel körperlicher Nähe gesagt, was er von dem Ganzen hält. Der Papst zitiert gerne den heiligen Franziskus mit einem wunderschönen Satz: „Verkündet mit allem das Evangelium und wenn es sein muss, dann auch mit Worten." Das sehe ich bei diesem genialen Kommunikator.
Denken Sie an die Mauer in Bethlehem. 2014 war das. Der Papst steigt ungeplant von seinem Wagen herab, geht zu der Trennmauer, die Israel gegen Palästina baut, und legt Hand und Stirn klagend, nicht anklagend, klagend an diese Mauer. Mit exakt derselben Geste wird er einen Tag später dann an der Westmauer des Tempels, der sogenannten Klagemauer, stehen und dort auch klagen. Das ist völlig klar, ist stark, da braucht man überhaupt keinen Übersetzer, keinen Erklärer, und da braucht es so einen Journalisten eigentlich auch nicht. Jeder, der das sieht, weiß sofort, was das ist. Damit verändert dieser Papst das Papstamt. Benedikt XVI. hat es geöffnet durch seinen Amtsverzicht und Franziskus verändert es jetzt in eher pastoraler Hinsicht, also in Hirtenhinsicht, wobei solche Sprachbilder immer schwierig sind. Hirten kennen wir nicht mehr, aber ich bleibe jetzt mal bei dem biblischen Wort Hirte sein.
Franziskus hat viel über das Hirtenamt zu sagen. Und auch seine schärfsten Kritiken hebt er sich für die Hirten der Kir-

che auf. Nicht nur für die Kurie, sondern überhaupt für Bischöfe, etwa beim Weltjugendtag in Rio de Janeiro, seiner ersten Auslandsreise. Da spricht er ja von der Psychologie von Prinzen, damit meint er Bischöfe. Er will Begegnung. Begegnung ist überhaupt eines der Zentralworte für Papst Franziskus, vielleicht mehr noch als Barmherzigkeit. Und Begegnung muss authentisch sein. Man kann sie weder planen noch beherrschen. Wenn man etwas plant und währenddessen regelt, dann ist es eben keine Begegnung. Begegnung – und da gleicht sie der Barmherzigkeit – verändert alle Beteiligten. Hat er das schon erreicht? Ist er da schon angekommen mit dem Papstamt? Das müssen Sie wahrscheinlich selbst beantworten, denn es geht ja um Sie.
Vieles von dem, was Papst Franziskus tut, kann ein anderer Papst anders machen, wird auch ein anderer Papst anders machen, aber anders ist ein für alle Mal verändert. Papst Franziskus weckt in der Begegnung und sei es nur aus der Ferne eben diese Sehnsucht von Religion, so wie sie sein sollte. Auch bei mir. Ich spür das ja auch in mir, dass da jemand ist, der ein Christentum vertritt, verkörpert müsste man schon sagen, wie ich es eigentlich auch selber gerne hätte, aber nicht habe, weil ich es vielleicht mit Kompromissen zugedeckt habe. Ich spüre, dass sein Reden von den vielen Versuchungen – und nichts kann dieser Papst so gut wie über Versuchungen reden – mich angeht und mich unruhig macht. Da ist also eine persönliche Begegnung da, auch wenn wir uns jetzt nicht jeden Tag über den Weg laufen. Und apropos Kultur der Begegnung, letztlich ist das auch etwas, was wir nicht beim Papst abladen können. „Schaut mal, ob ihm das gelingen wird oder nicht." Sondern das ist zum Nachmachen gedacht, ganz im Sinne des Mottos: „Mischt euch ein". Nur wenn diese Revolution, wie er das nennt, bei uns, in unseren Gemeinden und Gemeinschaften ankommt,

dann hat sie Erfolg. Sich zurücklehnen und abwarten und mal gucken auf dem Fernsehbildschirm, ob das geht oder nicht, das funktioniert eben bei diesem Papst nicht.
Eine zweite Koordinate wäre die Ökumene, aber es ist vielleicht nicht der erste Gedanke, der bei diesem Papst auftaucht. Wenn man an den Papst denkt, ein Ökumene-Papst ist er nicht wirklich. Die klassische Ökumene, also die Ökumene mit den Kirchen der Reformation, das ist nicht so sein Ding. Ökumene hat er während seines Theologiestudiums wahrscheinlich weniger mitbekommen, und das ist nicht das, worauf er sofort gesetzt hat. Die Reise nach Schweden im Oktober 2016 und die Würdigung Martin Luthers dort hat etwas andere Dimensionen gezeigt. Letztlich war das bei uns in Deutschland viel zu sehr von der Frage geprägt, ob er denn nächstes Jahr, also 2017, auch nach Deutschland kommen würde. Das heißt, seine eigentliche Botschaft ist etwas untergegangen. Aber er kam 2017 nicht nach Deutschland, deswegen können wir uns selber Gedanken machen und müssen das auch.
Lassen Sie mich ein anderes Beispiel nennen als die Ökumene mit den Kirchen der Reformation. Wenn wir über Ökumene reden, ist das ja ein weiterer Begriff. Bereits bei der ersten Begegnung nach seiner Wahl traf der Papst beim Abendessen auf den Patriarchen Bartholomaios. Bartholomaios ist das Ehrenoberhaupt der Orthodoxie der Welt und der Patriarch von Konstantinopel. Das war überhaupt das erste Mal seit 1000 Jahren, seit dem Schisma, dass ein Patriarch zur Papstwahl gekommen war, natürlich nicht wissend, wer gewählt wird. Und beim Abendessen sprach er sein Grußwort als einer der Ranghöchsten. Das ist ja streng hierarchisch im Vatikan. Und Papst Franziskus antwortete ihm und sprach ihn mit „Bruder Andreas" an. Nun ist der Papst ja Nachfolger des Apostels Petrus, der Patriarch von Konstantino-

pel sieht sich als Nachfolger des Bruders von Simon Petrus, Andreas. Also spricht Petrus ihn mit „Bruder Andreas" an. Und wenn es jemals ein Eis gegeben haben sollte zwischen den beiden, das war in dem Augenblick weg. Seitdem gibt es eine Beziehung zwischen den beiden, sie können miteinander reden, auch wenn längst nicht alle Probleme gelöst sind. Zum Beispiel mit der Russisch-Orthodoxen Kirche, die Teil der orthodoxen Weltgemeinschaft ist, ist das nicht so einfach, auch aus politischen Gründen. Aber der Kontakt ist da und vor allen Dingen die Wertschätzung und der Respekt. Und bei der Sozialenzyklika *Laudato si'* wäre der starke Umweltschwerpunkt vielleicht ohne die Initiative von Bartholomaios, der ganz stark auf dieses Thema setzt, gar nicht zustande gekommen. Sicherlich, die Einführung des Gebetstages für die Schöpfung am 1. September, den die Kirche seit drei Jahren feiert, das ist eine orthodoxe Erfindung, das hat Bartholomaios erfunden. Das kommt eben aus so einer Begegnung heraus. Wir sehen also, die Ökumene spielt bei diesem Papst eine Rolle.

Auch in einem anderen ökumenischen Feld, das wir vielleicht hier weniger im Blick haben. Ich kann mich noch gut an Interviews erinnern, die ich mit Kardinal Walter Kasper geführt habe, der damals für die Einheit der Christen, also die Ökumene, zuständig war. Und er sagte ganz klar, dass eine Ökumene mit den evangelikalen, den Pfingstkirchen, ganz schwer sei, weil die nur konkret und lokal, aber nicht übergeordnet organisiert seien. Außerdem wären die gar nicht an Ökumene interessiert, die sind ganz anders kirchlich unterwegs als wir. Deren Christentum ticke ganz anders. Dieser Papst hatte einen anglikanischen Pfarrer zu Gast, den er aus Argentinien kennt, und der erzählt ihm, dass er zu einer evangelikalen Konferenz nach Texas fahre, und der Papst fragt ihn ganz harmlos: „Soll ich dir eine Botschaft mitge-

ben?" Eine Grußbotschaft? An Evangelikale in Texas? Und Bischof Parma, so heißt der Mann, sagt: „Klar. Mein iPhone, bitte schön, sprich da rein." Und der Papst spricht da rein. Der Vatikan weiß von nichts, und Bischof Parma fährt in die USA und spielt diesen Kurzfilm bei dieser Konferenz vor. Ein Evangelikaler wirbt mit dem Papst in Pfingstkirchen für die Ökumene. Das geht nur mit Franziskus. Papst Franziskus fährt auch nach Süditalien zu einer evangelikalen Gemeinde, noch bevor er zum Beispiel in der jüdischen Gemeinde Roms oder in der lutherischen Gemeinde Roms war. Beides hat er mittlerweile absolviert, aber zuerst war der Papst in der anglikanischen Gemeinde Roms.
Er bringt das aus Buenos Aires mit, wo er seit 2000 an regelmäßigen evangelikalen Gebetstreffen teilgenommen hat und sich auch – der große Skandal vieler katholischer Glaubenswächter – von denen hat segnen lassen. Auch hier gilt wie bei den Orthodoxen, die Probleme sind noch längst nicht gelöst. Theologisch sind wir sicherlich den Lutheranern näher als den Pfingstkirchen. Und die Botschaft, „wenn Gott dich liebt, dann geht es dir gut und dann wirst du wohlhabend" oder „es war Gottes Wille, dass Donald Trump Präsident wurde", das stimmt nicht wirklich mit unserem theologischen Denken oder unserem Beten überein. Aber wir können miteinander reden und wir können uns in die Augen schauen. Das ist eben auch ein Schritt Richtung Ökumene. Begegnung eben, wie ich das im ersten Schritt schon sagte. Der Papst will vor allen Dingen ein anderes Miteinander der Christen. Die Trennung wird so nicht weggewischt oder überdeckt, das wäre eine falsche Interpretation, glaube ich, aber die größeren Gemeinsamkeiten zeigen, dass das wichtig ist: der Glaube an Jesus Christus, auch wenn die Art und Weise, wie sich der ausbuchstabiert, jeweils anders ist. Das hat alles mit Zeugnis zu tun, mit dem Verkünden durch das

Leben, nicht durch Worte. Trennung um der Trennung willen und um des eigenen Profils willen und um der Tradition willen, die nimmt er nicht hin. Da liegt er gerne mal quer. Das Wichtigste ist für ihn, dass Begegnung auf Augenhöhe passiert. Und da hat er keine Hemmungen, auch von seinem hierarchischen Thron herunterzusteigen. Und das tut der Sache sehr, sehr gut. Es gibt immer noch Missklänge in der Ökumene, ob das mit den Evangelikalen oder den Orthodoxen oder wo auch immer ist. Wenn der Streit nur für die eigenen Leute gemacht wird, etwa zur Profilierung, dann kommen wir da nicht weiter. Der Papst möchte in der Ökumene weiterkommen. Erstens macht er selber Schritte und dann lädt er dazu ein, dass andere diese Schritte auch machen oder ihre jeweils eigenen Schritte machen. Dann wird erst wirklich ein ökumenisches Projekt daraus, wenn man bereit ist, Schritte miteinander zu gehen oder aufeinander zuzugehen. Und das ist eben das Ökumene-Projekt dieses Papstes.
Nun zur dritten Koordinate. Natürlich muss ich über die Kurienreform sprechen. Das war ja einer der Aufträge an den zu wählenden Papst, wie Franziskus selber immer wieder bekundet. Im Vorkonklave, also bevor sie sich haben einschließen lassen, haben die Kardinäle ja darüber gesprochen, was der nächste Papst können und machen muss, und da war ganz klar: die Kurie im Vatikan aufräumen. Nun ist das eine Riesenbaustelle. Die Wirtschaftsangelegenheiten sind einigermaßen in trockenen Tüchern, da werden jetzt noch einmal Altlasten aufgearbeitet, aber die Struktur steht und wird nach internationalen Standards überprüft. Da sind wir also schon mal angekommen. Bei den Vatikan-Medien sind wir mittendrin. Wir sind alle Freunde der Kirchenreform, es sei denn, wir sind die zu Reformierenden. Es ist alles nicht ganz so einfach. Ich bin da selber mittendrin, aber das muss eben auch gehen. Tatsache ist aber, dass mit der Williamson-Kri-

se, mit der sogenannten Vatikanbank, mit Vatileaks usw., uns allen klar gemacht wurde, dass der Laden nicht funktioniert. Das kann man auch im Hintergrund besprechen, mit jeder Menge Bischöfe aus der ganzen Welt, da war sehr viel Unzufriedenheit mit dem Vatikan. Und es lief nicht rund. Einzelne Bereiche arbeiten aneinander vorbei und machen alles mögliche, nur keinen Dienst an der Kirche, schon gar nicht an der Weltkirche.

Die Vatikanreform war also nötig. Nun mag die Umsetzung für uns strukturierte Mitteleuropäer sehr langsam daherkommen. Es gibt auch berechtigte Kritik, zum Beispiel dass der Papst zu wenig auf Verfahren setze. Ich brauche ja Verfahren, weil Verfahren – das ist ihr einziger Sinn – den Schwachen gegen den Starken schützen. Der Starke braucht keine Verfahren, der setzt sich auch so durch. Also braucht es Verfahren für den Schwachen. Der Papst setzt sehr stark auf andere Dinge, eben auf Personen. Da könnte man sagen: Du musst das langsam mal überführen in Verfahren. Darüber kann man reden.

Wichtig dabei ist aber etwas anderes, meine ich jedenfalls, und zwar, dass es diesem Papst weniger um Strukturen als vielmehr um innere Haltungen geht. Er will einen Dienst der Weltkirche, und das ist nicht nur Sonntagsrede, dass er da von Dienst spricht. Da sind die Kurien mit den 15 Krankheiten der Seele konfrontiert. Das war weniger eine Abrechnung als vielmehr der sehr deutliche Hinweis darauf, wo die wirklichen Gefahren im Vatikan liegen, nämlich – geistlich fromm gesprochen – in den Versuchungen, die uns mit unserer Macht, Einfluss oder Position auf Abwege bringen. Reform, wirkliche Reform der Kirche, beginnt eben nicht im Zentrum, in der Institution, sondern an der, wie der Papst immer sagt, Peripherie, am Rand.

Hier ist der Papst sozusagen Schüler eines großen Konzilstheologen Yves Congar. Der hat ein Buch über die wahre

Reform der Kirche geschrieben. Das ist aus unerfindlichen Gründen immer noch nicht ins Deutsche übersetzt. Wirkliche Reform, schreibt Congar, beginnt beim Glauben der Menschen, nicht im Zentrum der Institution. Das bedeutet nicht, die Probleme nach innen zu verlegen und sich erstmal nur um die frommen Probleme zu kümmern, sie dadurch zu verharmlosen, das macht sie in dem Sinne erst richtig wichtig und wirkmächtig. Reform muss pastoral beginnen. Reform ist zuerst etwas Geistliches.

Brechen wir das mal auf unsere Kirche herunter. Was heißt das für uns? Das ist ja zunächst sehr abstrakt. Papst Benedikt XVI. hat 2011 in Freiburg das Wort von der Entweltlichung geprägt. Was Papst Franziskus sagt, nämlich die arme Kirche für die Armen ist eigentlich die größere und radikalere Herausforderung, die er an uns stellt. In seinen eigenen Worten: „Papst Franziskus will keine Kirche, die in sich selbst verkrümmt ist, sondern eine, die aus sich selbst herausgeht, die Türen aufmacht, um mit seinen eigenen Worten Jesus herauszulassen."

Versuchen wir es doch einmal in unsere eigene Gesellschaft zu übersetzen. Was heißt das? Wo sehe ich eine solche in sich selbst verkrümmte Kirche? Da würde ich einfach mal einen anderen Theologen heranziehen: Johann Baptist Metz. Der übersetzt nicht Papst Franziskus; das Buch, das ich zitiere, stammt aus den 80ern, und die kennen sich auch nicht. Aber trotzdem finde ich, dass es eine hervorragende Übersetzung dessen ist, was der Papst sagt. Metz sagt, die in Papst-Worten verkrümmte Kirche, das ist die bürgerliche Kirche. Eine bürgerliche Religion, die fordert nicht, die tröstet aber auch nicht. Die wird zwar zitiert, aber nicht mehr wirklich angebetet.

Ich weiß, „Volk" ist immer so ein schwieriger Begriff, gerade für uns Deutsche, aber trotzdem bleibe ich mal dabei, weil es das Wort ist, welches der Papst auch immer benutzt. Eine Volkskirche, eine Kirche aus den Menschen heraus wachsend, beginnt eben darin, dass sie sich nicht den bürgerlichen Konventionen, die an eine Religion herangetragen werden, entzieht. Aber die Herausforderung gilt: Wir dürfen uns davon nicht vereinnahmen lassen. Wir dürfen unsere Religion nicht von der Gesellschaft her definieren, nicht von den Werten und von dem Einfluss, den wir vielleicht noch auf die Gesellschaft haben. Religion muss sich von Jesus Christus her definieren. Und das heißt geistlich gesprochen – damit sind wir wieder bei dem Begriff, mit dem ich das Thema Reformen begonnen habe – Bekehrung. Noch einmal, das heißt nicht, die Probleme zu verharmlosen oder nach hinten zu verlagern und sie unschädlich zu machen, im Gegenteil. Bekehrung bezieht nämlich den gesamten Menschen ein und damit auch die Gesellschaft.

Auch Gesellschaften müssen sich bekehren; das gilt also nicht nur individuell. Tragischerweise sind wir, gerade die deutschsprachigen Kirchen, da ein bisschen resistent. Nehmen wir zum Beispiel *Evangelii gaudium* heran, das auf Spanisch geschrieben ist. Da findet sich, wenn der Papst über Bekehrung spricht, das Wort „Conversion", was ja auch naheliegend ist. Und die anderen Sprachen übersetzen das auch „Conversion", „Conversione", „Konversion". Nur die Deutschen nicht. Die Deutschen übersetzen das mit „Neuausrichtung". Da kommt die strukturierte Verwaltungskirche wieder so richtig zum Vorschein, die scheinbar Angst davor hat, das Geistliche zu berühren. Denn „Neuausrichtung" hat alles, bloß keinen geistlichen Charakter. „Bekehrung" oder „Umkehr" sogar, „Konversion, Conversion", das haben sie nicht hineingepackt. Da haben sie sich nicht getraut, sondern haben es bei „Neuausrichtung" belassen, dem Geistlichen den Zahn gezogen. Wie gesagt, das passt perfekt in unsere

Verwaltungskirche hinein, wenn man in Strukturen denkt und Angst hat, das Geistliche zu berühren. Es braucht aber Bekehrung. Der Rest, die Strukturen usw., das kommt dann auch noch. Wichtig ist aber zuerst der geistliche Gehalt der Reform.

Eine weitere Koordinate: Die Politik ist zurück im Vatikan. Denken wir an Kuba und die Rolle, die der Vatikan in den letzten Schritten, die Kuba und die USA aufeinander zugegangen sind, gespielt hat. Leider liegt das auch schon wieder in Scherben, aber es war zumindest einen Versuch wert. Denken wir an Venezuela und Kolumbien. Denken wir an sehr viele Orte in Afrika, wo der Vatikan meistens unbemerkt von der Weltöffentlichkeit versucht zu vermitteln. Das geht nicht immer gut, aber man versucht es. In Rom bringt es die Arbeit im Vatikan mit sich, dass man häufig Kontakte mit Diplomaten hat, und dabei begegne ich einem wachsenden Respekt vor dem, was der Heilige Stuhl, also der Vatikan, weltweit tut. Das hat natürlich mit dem Netzwerk zu tun, mit den Hilfswerken, mit den Ortsgeschichten, mit den lokalen Aktionen, die gestartet sind, aber eben auch damit, dass man das ernst nimmt, was aus dem Vatikan kommt, sei es nun *Laudato si'*, also die Umwelt-/Sozialenzyklika, seien es nun politische Initiativen, sei es, wenn der Papst über Politik spricht vor dem US-Kongress, in Straßburg oder anderswo, das wird ernst genommen. Denken wir an den Coup des gemeinsamen Gebetes im Vatikan mit dem Palästinenser-Präsidenten und dem Staatspräsidenten Israels. Alle hätten gesagt, das geht nicht. Es ging. Es hat die Welt nicht gerettet, aber der Papst hat gezeigt, es geht, das kann man machen. Es ist nicht so, dass das überhaupt nicht geht; doch das geht. Man muss es einfach nur probieren. Es dauert unendlich lange, man muss wahrscheinlich sehr viel verhandeln und wahrscheinlich braucht man auch so eine charismatische Figur

wie den Papst und einen neutralen Grund wie den Vatikan, aber es geht.
Dieser Papst spricht dauernd von Syrien. Wir haben da seit fünfeinhalb Jahren Bürgerkrieg in Syrien und wir bei Radio Vatikan berichten ungefähr einmal die Woche darüber. Deswegen kann ich ungefähr sagen, es gab Monate, wo die deutschen Medien gar nichts berichtet haben. Der Papst redet dauernd über Syrien, das ist ihm wichtig. Die Politik ist zurück. Und die Wirtschaftssysteme, die natürlich auch Teil der Politik sind.
Der Papst spricht vom Dritten Weltkrieg, der in Stücken daherkommt. Nicht alles, was er sagt, passt uns in den Kram, wenn ich das mal so sagen darf. Also, die berühmte „Wirtschaft, die tötet", hat vor allem bei uns einiges an Unruhe verursacht. „Soziale Marktwirtschaft", „hat doch keine Ahnung" und „letztlich ist das das Einzige, was Armut wirklich bekämpfen kann" waren häufige Reaktionen. Das ist schon alles richtig, aber er spricht eben etwas an, was aus vielerlei Perspektiven in der Welt mit Händen zu greifen ist. Die Art und Weise, wie unsere Welt ökonomisch geordnet ist, die Überzeugung vom unendlichen Fortschritt usw. produziert Opfer. Opfer, die selber nie eine Chance haben werden, Anteil zu erhalten. Das baut darauf auf, dass es Armut gibt in der Welt, und das spricht er an. Ja, stimmt, es gab noch nie so wenige Arme wie jetzt, und zunehmend haben wir Erfolg damit, Armut zu bekämpfen. Aber es gibt eben noch sehr, sehr viele Arme, und wenn wir die Perspektive dieser Menschen nicht einnehmen, um zu verstehen, wie sie die Welt sehen, dann sind wir Teil einer Wirtschaft, die tötet. Das ist eine eminente politische Aussage.
Dieses ökonomische System mündet in einer Wegwerfgesellschaft. Deshalb spricht der Papst gerne davon, dass unsere Gesellschaft andere Menschen wegwirft: das ungeborene

Leben, die jungen Menschen, die keine Perspektive haben, irgendetwas zu lernen. Jugendarbeitslosigkeit ist ein Riesenthema für ihn. Und alte Menschen, die eben nicht mehr produzieren und nicht mehr konsumieren, also müssen sie irgendwie entsorgt werden. Das ist für ihn auch eine eminent politische Aussage.

Noch eine weitere Koordinate: Eine ständige missionarische Haltung, das will der Papst von der Kirche. *Evangelii gaudium*, der Text, den ich schon ein paar Mal angesprochen habe, ist voll davon. Aber auch sonst sehen wir an diesem Papst einen Verkünder. Das ist kein einfaches Konzept von Christentum. Der Papst liebt Verben der Bewegung. Da muss man dauernd aufstehen, aus sich herausgehen, losgehen usw. Es ist immer sehr aktiv, nicht sehr einfach. Da kann man nicht zugucken, das muss man schon selber tun. Dahinter liegt schlicht, das ist meine Überzeugung, die Frage, wie Christsein im 21. Jahrhundert überhaupt zu leben ist: Jedenfalls nicht bürgerlich zufrieden, um dieses Bild noch einmal aufzurufen.

Wir leben in einem Traditionsabbruch. Im Süden Deutschlands spielt das weniger eine Rolle als im Norden und Osten, aber letztlich leben wir in einem Traditionsabbruch. Wir müssen neu lernen zu verkünden, für das Evangelium einzustehen. Wir müssen lernen, christliches Handeln ohne stützendes Milieu zu leben und zu erlangen, das bedeutet Christsein. Und da ist wieder die Rückbesinnung auf Jesus Christus wichtig, auf die Kreativität. Jesus Christus überrascht uns mit seiner beständigen göttlichen Kreativität. Manchmal frage ich mich, ob das ein Versprechen oder eine Drohung ist, aber diese Kreativität, das Bewegende, das Verändernde, das von Jesus Christus ausgeht, das müssen wir aufgreifen. So weitermachen wie bisher oder versuchen, das, was wir haben, am Leben zu erhalten, das wird eben nicht mehr funktionieren. Da rüttelt der Papst auch an unserem Verständnis von

Glauben und Kirche. Verkündigung ist nämlich nicht an eine Stabsstelle delegierbar, an kein Institut, an keine Hauptamtlichen und auch keine Akademie. Verkünden, das soll jeder, und letztlich ist das ja auch gut missionarisch. Aber irgendwie hat das keinen wirklich guten Ruf bei uns.

Wir leben in einer sehr strukturierten Kirche, das ist ja auch unsere große Stärke. Aber es gibt immer jemanden, der für etwas zuständig ist. Und damit deutet der Papst diesen etwas unglücklichen Begriff der Neuevangelisierung auch um, aber er benutzt ihn selber gar nicht. Das ist ja ein Begriff, der kommt von Paul VI., ist dann von Johannes Paul II. vor allen Dingen gefüllt worden. Nutzen tut Franziskus den Begriff nicht, aber der Gedanke dahinter, wie kann man in unserer heutigen Welt, die vielleicht mal christlich war, neu verkünden lernen? Das ist vielleicht die Idee dahinter. Genau das müssen wir neu lernen. Und das meint eben mehr als weitermachen und dabei noch das Internet nutzen. Dahinter steckt eine Haltung.

Ganz vollständig ist das Koordinatensystem, das ich anfangs erwähnt habe, natürlich so nicht. Da könnte man noch viele weitere Themen anführen. Ich möchte noch vier ganz kurz nennen, nämlich die vier Koordinaten, die der Papst selber nennt. Das ist vielleicht mal ganz interessant. Er hat im zweiten, dem letzten Teil von *Evangelii gaudium*, vier von solchen, er nennt es Prinzipien, pastoral-philosophische Prinzipien, genannt, die ich sehr aufschlussreich finde.

Das erste ist: Die Zeit ist mehr wert als der Raum. Das klingt jetzt fürchterlich abstrakt. Ich zitiere: „Dem Raum Vorrang geben bedeutet, sich vormachen, alles in der Gegenwart gelöst zu haben und alle Räume der Macht und der Selbstbestätigung in Besitz nehmen zu wollen. Der Zeit Vorrang zu geben bedeutet, sich damit zu befassen, Prozesse in Gang zu setzen, anstatt Räume zu besitzen." Hier zeigt sich das

Prozessdenken, das ich auch schon in den Anfangsworten genannt habe. Der Papst will anfangen. Vielleicht weiß er noch nicht, wo wir alle ankommen werden, er kommt nicht mit einer Wegbeschreibung daher, da und da wollen wir alle mal hin. Ihm sind das Anfangen und Losgehen wichtiger, und dann sollen wir gucken, wo wir dabei rauskommen. Er geht los und vertraut dem Heiligen Geist. Das ist auch sehr christlich.

Ich denke, das merkt man auch an den großen Themen, wenn er etwa eine Familiensynode beginnt. Ich war dabei und habe das verfolgen können. Das ist ein echter Prozess. Da war am Anfang nicht klar, was am Ende dabei rauskommt. Bei den Bischofsynoden in der Vergangenheit war ja vorher schon klar, was dabei herauskommt, und dann schreibt Benedikt XVI. einen guten Text dazu. Das ist jetzt anders. Das Rennen war völlig offen. Und das merkt man auch. Der Papst geht los und man merkt, dass während des Prozesses sich viele Dinge ändern. Das hat sehr viel Unruhe ausgelöst, vor allen Dingen unter den Teilnehmern, noch mehr aber unter den Journalisten, die das beobachtet haben. Aber das ist eben das Denken des Papstes: Die Zeit ist mehr wert als der Raum, einfach losgehen, das prozesshafte Denken.

Sein zweites Prinzip ist: Die Einheit wiegt mehr als der Konflikt. Das ist immer mehr oder weniger wichtig. Auch das ist etwas, was wir uns innerkirchlich hinter die Ohren schreiben könnten. Leider leben sehr viele Fraktionen in unserer Kirche von und für den Konflikt, die einen gegen die anderen. Und da klingen diese Worte des Papstes ganz aktuell, und es sind nicht die anderen gemeint. Nicht die anderen sind die Schlimmen, sondern wir müssen selber gucken, wo wir gerade auf den Konflikt setzen und die Einheit vielleicht am Rande liegen lassen. Er selber sagt das so – ich zitiere noch einmal: „Der Konflikt darf nicht ignoriert oder beschönigt werden, man muss sich ihm stellen, aber wenn wir uns in ihm verstricken, verlieren wir die Perspektive. Unsere Horizonte werden kleiner und die Wirklichkeit selbst zerbröckelt." Ein wunderschönes Sprachbild: Die Wirklichkeit zerbröckelt. Wenn wir im Auf und Ab der Konflikte verharren, verlieren wir den Sinn für die tiefe Einheit der Wirklichkeit. Wir sind ja gerne auf Konflikt gebürstet, grad mit Journalisten, starren auf jeden Konflikt, welcher Kardinal hat jetzt wieder einen Brief geschrieben usw., wer ist jetzt gegen wen und wer sind jetzt die Widerständler gegen den Papst? Man muss sich dem Konflikt stellen, aber sich nicht in ihm verzetteln, sonst verlieren wir eben Perspektive, Horizont und Wirklichkeit.

Die dritte päpstliche Koordinate wäre: Die Wirklichkeit ist wichtiger als die Idee. Ich zitiere den Papst an dieser Stelle. Das schließt ein, verschiedene Formen der Verschleierung der Wirklichkeit zu vermeiden. Und da kommt eine von diesen wunderschönen Papst-Listen: „die engelhaften Purismen, die Totalitarismen des Relativen, die in Erklärungen ausgedrückten Nominalismen, die mehr formalen als realen Projekte, die geschichtswidrigen Fundamentalismen" usw. Er zählt auf, was es alles so gibt, was wir uns alles vorgaukeln, um der Wirklichkeit nicht ins Auge schauen zu müssen. Das hat nichts zu tun mit der Inkarnation des Wortes Gottes in die Welt, in die Wirklichkeit. Und wer schöne Ideen hat, die Dynamik der Inkarnation des Wortes Gottes in die Welt aber nicht nachvollzieht, der verfehlt Jesus.

Und viertens, das ist das katholische Prinzip: Das Ganze ist dem Teil übergeordnet.

Diese Prinzipien sind eher abstrakt, aber wenn man das Sprechen und Tun dieses Papstes beobachtet, dann wird das ganz schnell konkret. Die helfen wirklich zu verstehen, was er macht.

Jetzt müssten wir an dieser Stelle eigentlich die Art und Weise aufzeigen, wie Papst Franziskus diese Prinzipien in die Praxis umsetzt. Schließlich ist die Wirklichkeit ja wichtiger als die Idee, nur abstrakte Ideen vorlesen hilft ja nicht. Aber dafür wären wahrscheinlich die nächsten zwei Wochen nicht lang genug. Ich habe das schon eben bruchstückhaft getan und an der Synode der Bischöfe zum Thema Familie durchbuchstabiert. Da kann man die Unruhe sehen, die die Kirche befällt. *Amoris laetitia*, der Schlusstext, hat das nicht wirklich beruhigt. Daran werden Konflikte – auch das ist wieder ein Thema der vier Prinzipien – entzündet. Da wird Angst geschürt oder entsteht Angst, Unsicherheit.

Alles kommt daher, dass alles offen, aber nichts ohne Bedeutung ist, hat ein kluger Mann mal in einem klugen Buch über die Angst gesagt. Alles ist offen, aber nichts ist egal, alles hat Bedeutung. Das können wir auch auf die Kirche anwenden. Es geht um etwas. Das, worüber wir reden, ist keine Lappalie, aber es bleibt eben offen. Es wird nicht autoritativ entschieden. Und das macht Angst oder damit wird Angst gemacht. Wenn aber etwas diesen Papst charakterisiert, dann, dass er selber keine Angst hat. Er ist angstfrei. Das kann man ganz konkret sehen, wenn er Leuten begegnet, die Würde des Papstamtes riskiert, wie einige Menschen befürchten. Aber da hat er überhaupt keine Bedenken, er begegnet, er umarmt, er baut Distanzen ab, um noch mal an den Anfang zurückzukehren. Er ist nicht defensiv, sondern bei allen Problemen, die er hat und die er auch anspricht, von der Freude der Begegnung mit Jesus getragen. Mit Papst Franziskus wird alles dynamischer, aktiver werden. Ich sagte es schon, alles bewegt sich. Vieles ist noch nicht klar, noch nicht entschieden, aber wenn ich das noch einmal flapsig ausdrücken darf, katholisch war bis jetzt immer ein Adjektiv. Papst Franziskus macht daraus ein Verb.

Wenn ich noch mal versuchen darf, abschließend das etwas zusammenzubinden. „Niemals", ich zitiere den Papst noch einmal, „niemals verschließt sich das missionarische Herz, niemals greift es auf die eigenen Sicherheiten zurück. Niemals entscheidet es sich für die Starrheit der Selbstverteidigung." Strukturabsicherung könnte man auch sagen. „Das missionarische Herz weiß, dass es selbst wachsen muss im Verständnis des Evangeliums und in der Unterscheidung der Wege des Geistes. Und so verzichtet es nicht auf das mögliche Gute, obwohl es Gefahr läuft, sich mit dem Schlamm der Straße zu beschmutzen." Wir haben gerne saubere Kirche, aber der Schlamm ist eben auch da. Das sind so dichte Texte, die muss man eigentlich erst einmal kauen, um zu verstehen, was er damit meint. Die Aufforderung dahinter ist eben genau die, sich selber packen zu lassen von dem, was dieser Jesus Christus in uns lostreten will.

Der junge Kardinal Jorge Bergoglio hat mal einen Text geschrieben über einen ganz berühmten Mann, nämlich Dorotheos von Gaza. Ein etwas obskurer Kirchenvater, den ich sehr hilfreich finde für unser Unterfangen eines Koordinatensystems. Der Text war für die Ordensausbildung und -entwicklung in Argentinien gedacht. Dieser Dorotheos von Gaza gehörte bis in die 1960er-Jahre zum Kanon, den kannte jeder. Seit dem Konzil ist er komplett in Vergessenheit geraten. Bergoglio hat darüber einen Text geschrieben und hat ihn 2005 noch einmal für sein Erzbistum Buenos Aires neu veröffentlicht. Und diesen Text beginnt er mit einem Thema, das wir Römer vom Papst dauernd zu hören bekommen: vom bösen Reden über andere, von der Gerüchteküche, vom Geschwätz. Wir nähmen Zuflucht bei den Fehlern anderer und würden sie herausposaunen, weil wir uns dann selber besser finden würden. So weit, so nachvollziehbar. Wir wissen alle, wovon der Papst spricht. Das zerstöre dann die

Einheit unter den Menschen, die Beziehungen, die Bindungen. Und dagegen setzt der Papst ein geistliches Handeln, das den Argwohn anderen gegenüber schwächt und das gute alte Wort der Demut wiedererweckt. Und in dieser kurzen Schrift zeigt Bergoglio, Papst Franziskus, sein Vorgehen. Er will dem auf den Grund gehen, was uns innerlich antreibt, das Gute und das Schlechte. Und diese inneren Antriebe, die kann man selber entdecken, man kann ihnen auf die Spur kommen. Sie zeigen sich im Wollen, in den Emotionen, sie zeigen sich in Sehnsüchten und Träumen und sie zeigen sich besonders daran, wenn sich bei uns etwas in Bewegung setzt, wenn es bei uns innere Unruhe gibt.

Um diese inneren Bewegungen geht es dem Papst. Wenn ich aufmerksam bin für das, was in mir drin steckt, was ich mir wünsche – Zorn, Zufriedenheit, Aufregung, Ruhe, wie sich mein Wille vielleicht ändert und zeigt –, dann gehe ich mir selber auf den Grund, dann komme ich mir selber nahe. In der geistlichen Tradition bezeichnet man das mit dem schwierig gewordenen Wort der „Gewissensrechenschaft". Rechenschaft hat etwas mit Richter zu tun, mit jemandem, der dieses Konto kontrolliert. Darum soll es aber hier nicht gehen, sondern um die inneren Bewegungen, denen man nachkommt. In den inneren Bewegungen komme ich nämlich nicht nur mir selber auf die Spur, sondern auch Gott. Warum? Weil die Kommunikation mit Gott, wenn ich das so sagen darf, in uns selber stattfindet. Der Geist regt mich an, zur Reue, zur Freude, zu Wünschen, hoffentlich auch ab und zu mal zu schlechtem Gewissen. Was sind meine Sehnsüchte, was hakt sich fest, wo bleibe ich stecken, was will ich eigentlich, was rührt mich an, wo fühle ich mich ertappt? All das bezeichnet diese inneren Regungen, in denen ich Gottes Willen für mich entdecken kann, wenn ich dem auf die Spur gehe. Und vor allen Dingen, wenn ich jetzt mal den einen Teil herausgreife, den mit dem schlechten Gewissen, wenn ich meinen Schwächen nachgehe, dann ist das nicht moralisierend gemeint, dann geht es hier nicht um geistliche Selbstoptimierung für moralische Selbstverbesserung, sondern wenn ich die Schwachstellen aufsuche, dann begegne ich da Jesus.

Dieser Jesus ist ja gekommen, zu heilen und zu vergeben. Also wenn ich zu den vergebungswürdigen und heilwürdigen Stellen meines Lebens komme, dann komme ich dahin, wo er gerade ist. Das hat etwas mit Jesus-Begegnung zu tun, nicht mit Moral, nicht mit Selbstverbesserung. „Wenn das innere Leben sich aber in die eigenen Interessen verschließt, gibt es keinen Raum mehr für die anderen, finden die Armen keinen Einlass mehr, hört man nicht mehr die Stimme Gottes." Das ist noch ein Zitat des Papstes. Wer sich also innerlich gegen die inneren Regungen abschließt oder abschottet, wer sich durch Konsum zuschüttet, merkt nicht mehr, wie Gott sich an uns wendet, merkt nicht mehr die eigenen Bedürfnisse und nicht mehr die des Nächsten. Unterdessen lädt das Evangelium uns aber ein, das Risiko der Begegnung mit dem Angesicht des anderen einzugehen in seiner physischen Gegenwart, die uns begegnet mit seinen Schmerzen und seinen Bitten, mit seiner ansteckenden Freude, mit seinem physischen Kontakt. Und damit kommen wir dem auf die Spur, was Gott uns in all dem sagen will: Wo unsere eigenen Schwächen, nicht die der anderen, unsere eigenen Schwächen liegen.

Und hier liegt vielleicht die stärkste Koordinate dieses Pontifikates, die geistliche Grundhaltung. Sie ist beim Thema Reform und Bekehrung schon einmal vorgekommen, aber hier tritt sie noch einmal ganz klar hervor. Was als missionarische Haltung begonnen hat, stellt sich als Begegnung mit Jesus heraus. Das sind zwei Seiten derselben Medaille. Und wenn wir diesen Papst verstehen wollen, was er von uns will, wie er sich unser Einmischen in die Welt, in die Kirche, in unser eigenes Leben vorstellt, dann sind das die beiden Seiten – diese missionarische Haltung nach außen und Begegnung mit Jesus – zwei Seiten derselben Medaille.

Jürgen Erbacher

Elf Jahre Papst Franziskus

Seine Wahl war eine kleine Sensation. Die Euphorie war groß, als mit Jorge Mario Bergoglio am 13. März 2013 der erste Lateinamerikaner zum Nachfolger des Apostels Petrus gewählt wurde. Sein Auftritt nach dem Konklave auf der Mittelloggia des Petersdoms ließ erkennen, hier beginnt etwas Neues, Anderes. Die Worte und Gesten des ersten Augenblicks, der ersten Wochen und Monate bis hin zur ersten großen programmatischen Schrift *Evangelii gaudium* im November 2013 waren ein verheißungsvoller Auftakt.
Mittlerweile ist Papst Franziskus längst in den mühsamen Ebenen des Alltags eines Pontifikats angekommen. Mitte März 2023 geht er in das elfte Jahr seiner Amtszeit. Von Amtsmüdigkeit war bereits die Rede und immer wieder kursieren Gerüchte, er plane zurückzutreten. Etwa als Franziskus sich im Sommer 2021 einer schwierigen Darm-Operation unterziehen musste, wurde über einen Rücktritt rund um seinen 85. Geburtstag Mitte Dezember 2021 spekuliert. Als Franziskus im Frühsommer 2022 wegen Knieproblemen einen Rollstuhl benutzen muss und für Ende August des Jahres einen Besuch in L'Aquila ankündigt, dem Ort, an dem Coelestin V. begraben liegt, der erste Papst, der freiwillig zurücktrat, bekommen die Gerüchte um einen bevorstehenden Rücktritt neue Nahrung. Nach zehn Jahren im Amt wird gesprochen vom Papst, der als Reformer gestartet und am Widerstand der Konservativen gescheitert sei. In Kommentaren ist von falschen Hoffnungen zu lesen, die sich diejenigen gemacht hätten, die Veränderungen in der katholischen Kirche erwarten, obwohl doch von Anfang an klar

gewesen sei, dass Bergoglio ein konservativer Kirchenmann sei – zumindest in theologischen Fragen.
Doch so einfach ist es nicht. Pater Bernd Hagenkord, der leider im Sommer 2020 viel zu früh verstorben ist, hatte zum vierten Jahrestag der Wahl von Franziskus seinen Vortrag am Dresdener Sankt-Benno-Gymnasium unter das Thema „Der Pontifex der Überraschungen" gestellt. Diese Überschrift passt auch zum zehnten Jahrestag der historischen Papstwahl. Die Überraschungen sind geblieben – trotz der Mühen des Alltags und auch, weil Franziskus an vielen Stellen nicht so agiert, wie viele es erwarten. Und das betrifft beide Seiten, die, die Veränderungen in der Kirche wünscht, und die, die keine Veränderungen will.
Pater Hagenkord systematisierte seinen Blick auf das Pontifikat über verschiedene Koordinaten, die Orientierung geben können für ein besseres Verständnis von Papst Franziskus. Es ging um den Papst als Kommunikator, die Stichworte Ökumene, Kurienreform und Politik gehörten ebenfalls dazu. Diese Koordinaten können bei dem Versuch helfen, Franziskus zu verstehen und sein Handeln zu deuten.

Franziskus als Kommunikator
Der erste Auftritt hat sich ins Gedächtnis eingebrannt: das „Buonasera", die tiefe Verneigung vor der Masse auf dem Petersplatz und den Millionen an den Bildschirmen in aller Welt mit der Bitte um das Gebet für sich. Die Worte und die Gesten sind entscheidend für Franziskus. „Er ist ein großer Kommunikator", so Bernd Hagenkord in seiner Analyse. Er baue mit Worten wie denen des ersten Auftritts Distanzen ab. Dazu kämen die Gesten und die physische Nähe, die Franziskus auszeichneten. Das gilt bis heute. Allerdings gibt es

gerade bei der physischen Nähe in jüngerer Vergangenheit einige Hürden für diesen Papst.

Franziskus will die Menschen direkt ansprechen, sucht die Nähe und den unmittelbaren Kontakt zu ihnen. Mit dem Ausbruch der Corona-Pandemie im Frühjahr 2020 wird das schwierig, denn es kann diesen direkten Kontakt nicht mehr geben, auch keine Großveranstaltungen mehr wie die wöchentlichen Generalaudienzen auf dem Petersplatz, große Gottesdienste im Petersdom oder Papstreisen. Damit wirkt Franziskus über ein Jahr hinweg wie ein Vogel, der nicht fliegen kann. Er spricht selbst beim ersten Angelus-Gebet im Lockdown vom „Papst, der im Käfig sitzt". Über Videobotschaften und digitale Generalaudienzen versucht er, Kontakt zu halten zu den Gläubigen, lässt die Morgenmessen aus dem Gästehaus Santa Marta, wo er wohnt, live streamen. In Italien werden sie zu einem Quotenerfolg. Doch die Videokommunikation ist nicht zu vergleichen mit den realen Treffen. Franziskus braucht die Massen, die Interaktion mit den Menschen vor Ort, um seine Stärken ausspielen zu können, um seine volle Wirkmacht zu entfalten. Er ist nicht der Theologe auf dem Stuhl Petri, wie sein Vorgänger, der nicht unbedingt die Reaktion des Gegenübers braucht. Er ist ein Seelsorger, der Menschen in die Augen schauen möchte, ja muss, um daraus seine Kraft zu ziehen. Das ist ein Aspekt, der später noch einmal wichtig wird. Aber die Pandemie führte dazu, dass so manches Projekt, das Franziskus vorantreiben wollte, ins Stocken geraten ist.

So musste er für lange Zeit weitestgehend auf Reisen verzichten. Diese hatte er zu Beginn seines Pontifikats sehr schnell als ein Mittel entdeckt, um gleich mehrere seiner Ziele zu erreichen: Er nutzt sie, um das damit verbundene Interesse der Medien weltweit auf ein bestimmtes Land oder Thema zu richten. Oft geht es in Länder mit großen sozialen

Herausforderungen, die selten im Fokus des weltweiten Medieninteresses stehen wie etwa Sri Lanka, Myanmar oder die Zentralafrikanische Republik. Seine Reisen sind politische Statements. Zugleich nutzt er sie, um die Menschen von seinen Positionen zu überzeugen. Franziskus hält nicht viel vom Establishment – politisch wie kirchlich. Er ist überzeugt, dass Veränderungen von unten kommen müssen. Deshalb sucht er die Massen – in Rom und auf Reisen. Wenn diese Reisen wegen Corona ausfallen oder nur wenige Menschen zu den Veranstaltungen kommen können, fehlt ihm ein wichtiges Mittel, um seine Positionen an der Basis zu implantieren. Seit Frühsommer 2022 hemmt ihn ein Knieleiden. Damit ist Franziskus in seiner Beweglichkeit stark eingeschränkt, was spontane Aktionen im Kontakt mit Gläubigen erschwert.

Die neue „Kultur des Dialogs"

Das gilt auch für ein weiteres wichtiges Thema des Pontifikats. Bernd Hagenkord nannte es als zweite Koordinate: die Ökumene. Er sprach von der Begegnung auf Augenhöhe mit den anderen christlichen Kirchen und Gemeinschaften. Dabei arbeitete der Jesuit einen wichtigen Punkt heraus: Franziskus hat nicht nur die klassischen Ökumene-Partner im Blick – also Reformierte, Lutheraner, Orthodoxe und Altorientalen. Aufgrund seiner persönlichen Erfahrungen in Lateinamerika sind für Franziskus auch die evangelikalen und pentekostalen Kirchen und Gemeinschaften Partner im Dialog auf Augenhöhe. Was in Deutschland für lange Zeit schnell als Sekte bezeichnet wurde, sind für den Papst aus Südamerika Schwestern und Brüder im Glauben an Christus.

Vieles, was Franziskus an seiner eigenen Kirche stört und was er als Veränderungen fordert, hat er bei den Evangelikalen gesehen. Die starke Zuwendung zu den Menschen in ihren konkreten Nöten, die Priester, die er als Erzbischof in die „Villas Miserias", die Armenviertel von Buenos Aires geschickt hatte, seine Vorstellung, dass es ein engmaschiges Netz an Gottesdienstorten und Ansprechpartnern geben soll – das sind nur einige Elemente, die er bei den Evangelikalen erlebt hat und die er in der katholischen Kirche verwirklicht sehen möchte.

Neben der Ökumene ist für Franziskus im Verlauf des Pontifikats der interreligiöse Dialog immer wichtiger geworden: *Fratelli tutti*. Was er im Oktober 2020 in seiner dritten Enzyklika über die Geschwisterlichkeit aller Menschen formuliert hat, ist zur zentralen Handlungsmaxime und zur Programmschrift für Franziskus geworden. Dabei hat der Gedanke der „Geschwisterlichkeit aller" eine Entwicklung durchgemacht – oder vielleicht besser: Franziskus hat ihn im Laufe des Pontifikats immer weiter entfaltet. Er versteht ihn in verschiedenen Dimensionen. Von Anfang an hat dieser Papst die Menschen im Blick, die am Rande der Gesellschaft stehen, die armen, kranken, alten, obdachlosen Menschen. Harsch kritisiert er die Gleichgültigkeit gegenüber ihrem Schicksal. Verbunden mit dem zweiten zentralen Gedanken des Pontifikats, der Barmherzigkeit, entsteht für Franziskus die Pflicht zum Teilen, zur Hilfe für die Bedürftigen. Während in den ersten Jahren des Pontifikats die Geschwisterlichkeit vor allem in dieser eher sozial-ethischen Dimension in Wort und Tat von Franziskus auftritt, kommt später die interreligiöse Dimension hinzu. *Fratelli tutti* wird jetzt mit dem Fokus auf dem Miteinander der Religionen sowie mit denen, die nicht glauben, entfaltet. Alle Menschen sind Schwestern und Brüder, ganz gleich welcher Religion, Nation oder Herkunft. Franziskus ist überzeugt: Gott liebt alle Menschen, egal welcher Religion sie angehören, und selbst, wenn sie nicht glauben. Das ist durchaus eine Provokation für manche konser-

vative Katholiken. Doch Franziskus ficht das nicht an. Im Februar 2019 unterzeichnet er in Abu Dhabi zusammen mit einem der führenden Geistlichen des sunnitischen Islam das „Dokument über die Brüderlichkeit aller Menschen". Franziskus ist überzeugt, dass die Menschheit nur eine Chance auf eine friedliche Zukunft hat, wenn die Religionen ihren Beitrag leisten und mit gutem Beispiel vorangehen. Deshalb versucht er, Allianzen zu schmieden mit Vertretern anderer Religionen. Im März 2021 reist er etwa in den Irak, um dort einen hochrangigen schiitischen Geistlichen zu treffen. 2022 stehen die Reisen nach Kasachstan und Bahrain im Zeichen dieser Idee. Franziskus will die religiösen Kräfte zu einer Allianz der Geschwisterlichkeit zusammenführen.
Dabei baut er auch auf die Macht der Bilder. Immer wieder wird gefragt, was bringt ein Besuch des Papstes in Ägypten, in Abu Dhabi oder im Irak, ein wenige Minuten dauerndes Treffen mit einem hochrangigen islamischen Geistlichen? Neben dem Austausch sind es die Bilder, von denen sich Franziskus eine Signalwirkung erhofft: Hier sind Vertreter unterschiedlicher Religionen, die sich freundlich und mit Respekt voreinander begegnen. Sie verleugnen die eigene religiöse Tradition nicht, können aber doch miteinander in einen Dialog treten. Das ist die Botschaft, die von den Bildern ausgeht, wenn Franziskus sich mit anderen hochrangigen Religionsvertretern trifft.
Eben fiel das Stichwort „Dialog". Von Anfang an fordert Franziskus eine neue „Kultur der Begegnung" und eine neue „Kultur des Dialogs". Er ist überzeugt, dass es immer einen Anknüpfungspunkt für den Beginn eines Gesprächs gibt. Als er nach der Wahl Donald Trumps zum US-Präsidenten wiederholt von Journalisten gefragt wurde, ob er zu einem Treffen bereit wäre, obwohl es doch offensichtlich nicht nur in der Migrationsfrage große Differenzen gebe, zeigte

sich Franziskus überzeugt, dass es immer einen kleinen offenen Spalt in der Tür gebe. Den müsse man suchen und von dort aus das Gespräch starten. Vor diesem Hintergrund lässt sich vielleicht erklären, warum Franziskus nach Beginn des Ukrainekriegs im Februar 2022 Russland und dessen Präsidenten Wladimir Putin lange nicht als klare Verantwortliche des Kriegs benennt und kritisiert. Franziskus verurteilt die Sünde, aber nicht den Sünder. Kritik an dieser Haltung ficht ihn einmal mehr nicht an. Auffallend ist zudem, dass auch Papst Franziskus offenbar Grenzen des Dialogs kennt. Mit den vier Dubia-Kardinälen, die 2016 den Papst nach der Veröffentlichung des Lehrschreibens *Amoris laetitia – über die Liebe in der Familie* um einige Richtigstellungen baten, hat er sich nicht getroffen. Ähnlich verhält es sich mit Blick auf den „Synodalen Weg" in Deutschland. Seit Beginn im Dezember 2019 suchte das Präsidium dieses Dialog- und Reformprozesses das Gespräch mit dem Papst. Doch bis Anfang 2023 kam eine persönliche Begegnung nicht zustande. Auch in anderen Kontexten ist zu hören, dass Franziskus, gerade wenn es um Kritiker geht, kein offenes Ohr hat. Das kratzt an seiner Glaubwürdigkeit.

Auf dem Weg zu Reformen

Damit sind wir bei den innerkirchlichen Themen. Pater Hagenkord hatte sich seinerzeit stark auf die Kurienreform konzentriert. Über neun Jahre brauchte dieses Projekt, bis die neue Kurienkonstitution mit dem Titel *Praedicate Evangelium* am 19. März 2022 überhastet und für viele dann doch überraschend veröffentlicht wurde. Anfang Juni, zum Pfingstfest, trat sie in Kraft. Franziskus möchte damit die römische Zentralverwaltung stärker in den Dienst seines eigenen Amtes, aber auch der Ortskirchen stellen. Das führt in einigen Punkten zu Widerspruch. Etwa bei der Tatsache, dass er die Vollmachten der Behörden des Heiligen Stuhls stärker an das Papstamt bindet, als das bisher der Fall war. Die Behörden erhalten ihre Kompetenzen zu Entscheidungen nunmehr allein aus der vom Papst delegierten Macht. So will er ermöglichen, dass die Behörden auch von Laien geleitet werden. Die Leitungsmacht wird von der Weihe entkoppelt. Im Umkehrschluss hängt alle Macht vom Papst ab. Bei den Beratungen über die Konstitution beim Kardinalstreffen Ende August 2022 gab es gerade an diesem Punkt heftigen Widerspruch etwa von den Kardinälen Marc Ouellet und Walter Kasper. Sie sehen die Zuspitzung auf den Papst hin kritisch.

Bei der Umsetzung der in *Praedicate Evangelium* festgeschriebenen Reformen lässt sich Franziskus viel Zeit. Einzelne Dikasterien müssen Monate warten, bis die Führungspositionen mit neuem Personal besetzt werden. Dazu gehört etwa das Dikasterium für Kultur und Bildung, das aus der ehemaligen Bildungskongregation und dem Päpstlichen Rat für Kultur hervorging. Erst Ende September ernennt Franziskus den langjährigen Bibliothekar des Heiligen Stuhls, Kardinal José Tolentino Calaça de Mendonça, zum neuen Präfekten. Damit vergibt der Papst eine große Chance. Die neue Kurienkonstitution *Praedicate Evangelium – über die Römische Kurie und ihren Dienst für die Kirche in der Welt* sieht als eine entscheidende Neuerung vor, dass auch Nichtkleriker Chef einer Behörde des Heiligen Stuhls werden können. Dabei kommen nur wenige Dikasterien für einen Laien infrage. Denn schnell wird klar, dass etwa die Dikasterien für Glauben, Bischöfe, Klerus, Liturgie sowie Ökumene, Ostkirchen und Interreligiösen Dialog weiterhin von einem Kardinal geleitet werden. Daher bleiben nur wenige Ministerien übrig, für die ein Nichtkleriker infrage kommt. Dazu gehört neben dem

Dikasterium für ganzheitliche Entwicklung das für Bildung und Kultur. Im Sozialministerium ernannte Franziskus Anfang 2022 mit dem Jesuiten Michael Czerny einen Kardinal zum Chef, bei der Bildung dann Ende September ebenfalls einen Purpurträger. Damit bleibt Paolo Ruffini als Medienminister der einzige Laie an der Spitze einer Behörde des Heiligen Stuhls. Franziskus hatte ihn 2018 zum Präfekten des Dikasteriums für Kommunikation gemacht. So gibt es nach Inkrafttreten der Kurienreform keine Entscheidungen mit Signalwirkung, auch nicht in der zweiten Hierarchieebene der Behörden des Heiligen Stuhls. Auf den Ebenen darunter finden sich bis zum Herbst 2022 einige Laien, darunter auch Frauen. Wenn Frauen in mittlere Führungspositionen benannt werden, handelt es sich meist um Ordensleute.

Es gilt auch nach Veröffentlichung der neuen Kurienkonstitution, was Franziskus Jahr um Jahr während der internen Debatten um die Reform der römischen Zentralverwaltung betonte: Es ergebe keinen Sinn, auf den großen Moment zu warten, an dem plötzlich alles anders werde. Vielmehr vollziehe sich die Reform der Römischen Kurie im laufenden Betrieb durch ständige kleinere oder größere Veränderungen. Im Finanzbereich wurde recht erfolgreich aufgeräumt. Diese Reformen hatte noch Benedikt XVI. gegen Ende seines Pontifikats angestoßen. 2015 wurden die vatikanischen Medien in einem Dikasterium vereint. 2017 entstand das Dikasterium für die ganzheitliche Entwicklung des Menschen, in dem vier Päpstliche Räte aus den Bereichen Soziales, Entwicklungshilfe, Migration und Krankenpastoral zusammengefasst wurden. Fast zeitgleich wurden die Ministerien für Laien und Familie fusioniert. Immer wieder gab es Veränderungen bei einzelnen Behörden wie im Februar 2022, als die innere Struktur der Glaubenskongregation verändert wurde. An einigen Stellen zeigt sich, dass bereits durchgeführte Veränderungen nicht wirklich rund laufen. Im Megaministerium für ganzheitliche Entwicklung knirscht es gewaltig. Zum Jahresende 2021 verlängerte Franziskus das Mandat von Kardinal Peter Turkson als Leiter der Behörde nicht. Es war zwar das Quinquennium abgelaufen – also die normalerweise auf fünf Jahre übertragene Mandatierung –, doch Turkson hatte mit 73 Jahren längst noch nicht das Pensionsalter für Kurienkardinäle erreicht, welches in der Regel bei 80 Jahren liegt. Schon Pater Hagenkord stellt in seiner Bilanz zum 4. Jahrestag der Wahl fest, dass es Franziskus weniger um die Strukturen geht als vielmehr um die Haltung derer, die die Strukturen ausfüllen. Dies ist ein ganz zentraler Punkt im Pontifikat von Franziskus. Er ist überzeugt, nur Strukturen zu verändern bringt nichts, wenn die handelnden Personen sich nicht ändern. Mehrfach wurde Franziskus von Journalisten gefragt, warum er nicht längst zentrale Führungspersonen im Vatikan, die bekanntermaßen gegen ihn arbeiten, ausgetauscht habe. Seine Antwort: Er sei nicht gewählt worden, um Köpfe abzuschießen, sondern um Herzen zu verändern. Das bedeutet im Umkehrschluss, dass die Reformen länger brauchen. Das gilt für die Kurie, das gilt aber auch für andere Veränderungen im Bereich der Strukturen wie etwa der Frage nach mehr Synodalität in der katholischen Kirche, und es gilt für inhaltliche Fragen, etwa wenn es um das Kirchenrecht oder die Theologie geht.

Hier wünscht sich Franziskus auch innerkirchlich eine neue „Kultur des Dialogs". Es geht um das Zuhören, das Hineindenken in die Position der anderen Seite, das Stehenlassenkönnen der anderen Position, ohne sie gleich mit polemischen Reaktionen zu belegen. Der Papst ist überzeugt, dass sich in einer echten Debatte gegenseitigen Hinhörens eine Dynamik entwickelt, die zu einer neuen gemeinsamen Position führt. Dieses Vorgehen will Franziskus nicht als politische Debatte auf der Suche nach einem Konsens oder dem kleinsten gemeinsamen Nenner verstanden wissen. Sondern er ist überzeugt, dass hier etwas Neues, eine gemeinsame dritte Position entstehen muss. Wenn er den Eindruck hat, dass eine Entscheidung zu Konflikten führt, oder dass es am Ende so aussieht, als gäbe es Sieger und Besiegte, hält er sich mit Entscheidungen zurück. Das kann auch zu großen Irritationen bei den Beteiligten führen. So forderte er die Teilnehmenden der Amazonassynode im Herbst 2019 auf, dass sie nach weitreichenden Lösungen für die pastoralen Herausforderungen suchen sollten. Schnell wurde der Ruf nach *Viri probati* laut und eine große Zahl der Teilnehmenden sprach sich dafür aus, *bewährte verheiratete Männer* zu Priestern zu weihen. Doch Franziskus folgte der Mehrheit nicht. Die Debatte sei politisch geführt worden, es habe keine echte Unterscheidung, kein echtes *Discernimento* gegeben, so später seine Begründung. Sprich: Die Debatte ist ihm aktuell noch zu politisch aufgeladen. Er hat den Eindruck, dass die Gegner und Befürworter einer Lockerung des Pflichtzölibats noch zu wenig aufeinander hören und aufeinander zugehen. Zugleich hat er aber auch nicht gesagt, dass es so etwas nie geben kann. Aus seiner Sicht ist die Zeit dafür noch nicht reif. Ähnlich sieht es an vielen anderen Stellen aus. Gegner und Befürworter von Reformen stehen sich unversöhnlich gegenüber. In einer derart aufgeheizten Situation bewegt sich Franziskus nicht nach vorne. Immerhin verbietet er die Debatten auch über die heißen Eisen nicht. Doch er schreckt vor wirklichen Reformen zurück. Das wird mit zunehmender Dauer des Pontifikats zum Problem. Wie im Fall der Amazonassynode geschildert, ermutigt Franziskus immer wieder dazu, Neues zu denken. Er spricht auch von der Notwendigkeit von Reformen. Damit weckt er Hoffnung und animiert Theologinnen und Theologen, aber auch Bischöfe und Kardinäle dazu, wirklich Neues zu denken. Das passiert etwa im Rahmen des „Synodalen Wegs" in Deutschland. Doch plötzlich gibt es Gegenwind vom Papst. Hier ist allerdings die Frage, ob der Papst und sein Umfeld auch richtig über den Weg informiert sind. Bei einem genauen Blick in die Weltkirche wird sehr schnell deutlich, dass auch in anderen synodalen Prozessen die Themen diskutiert werden, die von römischer Seite gerne als typisch deutsche Themen bezeichnet werden: die Rolle der Frau in der Kirche sowie ihr Zugang zu allen Ämtern, die Weiterentwicklung der Lehre von einer Sexualethik zu einer Beziehungsethik, mehr Partizipation und Transparenz bei Entscheidungsprozessen. Diese Themen werden ebenso in Lateinamerika diskutiert, in Australien und in anderen Ländern. Hier fehlt es an einer Vernetzung, um in Rom deutlich zu machen, dass das Themen der Weltkirche sind und nicht einer einzelnen Ortskirche. Dies könnte im Rahmen des weltweiten „Synodalen Prozesses" passieren, den Franziskus 2021 angestoßen hat und der über kontinentale Treffen und zwei Bischofssynoden bis zum Oktober 2024 dauern wird.

Der Papst hatte den Prozess mit einer großen Umfrage begonnen. Dabei ging es ihm eigentlich nur um die strukturelle Frage nach mehr Synodalität in der katholischen Kirche auf allen Ebenen. Doch die Gläubigen aus der ganzen Welt antworteten nicht nur auf die strukturelle Frage des Papstes, sondern äußerten sich auch zu vielen inhaltlichen Themen, bei denen sie Veränderungen wünschen. Es sind die bereits genannten Bereiche, die auch im „Synodalen Weg" in Deutschland und anderswo diskutiert werden. Noch ist offen, wie der Pontifex diese Debatte strukturiert organisieren will. Mit der Entscheidung, nicht nur eine Bischofssynode im Oktober 2023 zu veranstalten, sondern den Prozess um ein Jahr zu verlängern und im Oktober 2024 noch einmal zu

Beratungen in den Vatikan zu laden, gewinnt er Zeit. Doch irgendwann kommt der Moment der Entscheidung. Diesen hat Franziskus nun erst einmal nach hinten verschoben.
Dass dieser Papst die Kirche verändern will, ist keine Frage. Das zeigt der weltweite synodale Prozess zur Synodalität. Hier geht es ihm um strukturelle Veränderungen. Dass er damit auch eine Debatte über (Glaubens-)Inhalte angestoßen hat, führt zu einer explosiven Mischung. Der weltweite Prozess nähert sich damit etwas dem an, was der „Synodale Weg" in Deutschland macht. Hier geht es um die Strukturfragen und um Fragen der Lehre. Er ist also umfassender als der weltkirchliche Prozess. Deshalb ist es wichtig, dass es immer eine Rückbindung der Debatte in Deutschland an den Vatikan gibt. Nichts verärgert vatikanische Stellen mehr, als dass sie am Ende vor vollendete Tatsachen gestellt werden. Es braucht hier ebenfalls eine neue Kultur des Dialogs und der Begegnung zwischen der deutschen Ortskirche, auf bischöflicher Ebene wie auch auf Laienebene, und den vatikanischen Behörden bis hin zum Papst. Nur ein kontinuierlicher direkter Austausch der Handelnden kann Missverständnisse verhindern. Und er nimmt den Medien den Wind aus den Segeln, die interessengeleitet den „Synodalen Weg" in Deutschland zu einer neuen Reformation aufbauschen wollen. Die Antworten auf die Umfrage zum weltweiten synodalen Prozess zeigen ja, dass die Gläubigen in Deutschland keine Sonderwünsche haben.
Neben den strukturellen Veränderungen geht es Franziskus aber auch um die Frage der Haltung. Er möchte, dass die katholische Kirche nicht als Institution empfunden wird, die ständig mit dem Zeigefinger wie eine Zollstation prüft, ob alle das Ideal leben. Ihm ist aus seiner Zeit in Lateinamerika, wo er lange als Beichtvater arbeitete und später als Erzbischof die Menschen in den Armenvierteln besuchte, bewusst,

dass das Leben nicht nur schwarz und weiß bietet, sondern aus vielen Zwischentönen besteht. Deshalb spricht er immer wieder von der Barmherzigkeit im Umgang mit den Menschen und ihren konkreten Schicksalen. Die Kirche dürfe nicht ausschließen, sondern müsse integrieren, lautet sein Credo. Entsprechend müsse sie den Menschen mit Achtung begegnen, die nicht zu 100 Prozent das leben, was die katholische Lehre vorgibt. Entsprechend kann er sich auch die Kommunion für wiederverheiratete Geschiedene vorstellen, die Taufe eines Kindes einer alleinerziehenden Mutter oder eines Paares, das nicht verheiratet ist. Doch die Regeln will er trotzdem nicht ändern. Für ihn gelingt das, was andere als Quadratur des Kreises ansehen: Er hält an den bestehenden Regeln etwa zur Unauflöslichkeit der Ehe fest, kann sich zugleich aber die Kommunion für wiederheiratete Geschiedene vorstellen. Ähnliches gilt für seine Aussagen zur Homosexualität. Allerdings zeigt das Pontifikat, dass auf Dauer ein solches Vorgehen problematisch wird. Es fehlt für die handelnden Personen an Sicherheit, weil das Fundament pastoralen Handelns in den konkreten Situationen nicht wirklich fest und beständig ist. Franziskus muss auch die Regeln ändern und kann nicht nur in Fußnoten Öffnungen der bisherigen Leitplanken vornehmen.

Der politische Papst

Die Politik spielt nach wie vor eine wichtige Rolle im Pontifikat von Papst Franziskus. Von Anfang an war es ihm wichtig, dass die katholische Kirche nicht auf Fragen der Sexualmoral reduziert wird. Er wollte eine neue Balance herstellen bei den Themen. Deshalb forcierte er von Anfang an sehr stark die politische Dimension des christlichen Glaubens. Dabei ist er geprägt von der gesellschaftlichen und kirchlichen Situation in der zweiten Hälfte des 20. Jahrhunderts in Lateinamerika. Es ist müßig zu fragen, inwieweit Franziskus von der Befreiungstheologie beeinflusst ist. Sicher gibt es eine große Nähe. Für Bergoglio hat der christliche Glaube immer eine gesellschaftspolitische Dimension. Nachfolge Jesu bedeutet, sich für die am Rande der Gesellschaft einzusetzen, für Gerechtigkeit als Voraussetzung eines friedlichen Miteinanders der Menschen. Dazu kommt, dass er in Argentinien um die Jahrtausendwende die Auswirkungen der Globalisierung von seiner negativen Seite erlebt hat: Staatsbankrott, Plünderungen, Massenproteste, die brutal von staatlichen Stellen niedergeschlagen werden, der krasse Gegensatz zwischen reichen und armen Wohnvierteln in Buenos Aires, oft nur durch eine Straße getrennt. Entsprechend erhebt Franziskus seine Stimme gegen das vorherrschende Wirtschaftssystem, weil es aus seiner Sicht ungerecht ist und zur Gleichgültigkeit gegenüber den Menschen am Rande und zu einer Wegwerfkultur führt, wie er es nennt.

Im Laufe des Pontifikats gewinnt das Thema Umwelt zunehmend an Bedeutung. Im Mai 2015 veröffentlicht Franziskus seine Enzyklika *Laudato si'* – rechtzeitig vor dem UN-Klimagipfel in Paris in jenem Jahr. Immer wieder spricht Franziskus vom Schrei der Unterdrückten und meint damit nicht nur die Armen und Ausgegrenzten, sondern auch die Schöpfung. Er ist überzeugt, ohne stärkere Achtung des „Gemeinsamen Hauses", wie er die Erde in Anlehnung an die Tradition vieler indigener Völker nennt, werden die Menschen keine Zukunft haben. Dabei verweist Franziskus bei diesem Thema immer wieder auf den Ökumenischen Patriarchen Bartholomaios, das Ehrenoberhaupt der Orthodoxie, der seit vielen Jahren einen stärkeren Schutz der Umwelt propagiert und Franziskus offenbar inspiriert hat, dieses Thema ganz oben auf seine eigene Agenda zu setzen.

Pater Hagenkord formulierte zum vierten Jahrestag der Wahl: „die Politik ist zurück im Vatikan". Er spielte damit auch auf die aktivere Rolle des Vatikans bei der Vermittlung in Konflikten an. Die Annäherung zwischen Kuba und den USA unter Präsident Obama im Jahr 2014 wurde auch hinter den hohen Mauern des Vatikans erarbeitet. Im Staatssekretariat, der politischen Zentrale der Römischen Kurie, wurde eine kleine Abteilung für Mediation geschaffen. Nach dem Angriff Russlands auf die Ukraine erklärt Franziskus wiederholt, dass der Vatikan bereit sei, alles in seiner Macht Stehende zu tun, um zum Ende des Kriegs in der Ukraine beizutragen. Immer wieder verurteilt er den Krieg, tut sich aber schwer, Russland und Präsident Putin als Schuldige zu benennen. Die Propaganda Putins aber weist er zurück und stellt fest, dass es sich nicht um eine militärische Operation handle, sondern um einen Krieg. Beobachter sehen darin den Preis dafür, dass der Vatikan seine mögliche Rolle als Vermittler nicht verspielen will. Immerhin ist Franziskus am Tag nach dem Angriff Russlands auf die Ukraine höchstpersönlich beim russischen Botschafter beim Heiligen Stuhl vorstellig geworden. Ein einmaliger Akt. Normalerweise werden die Botschafter ins Staatssekretariat zitiert, wenn der Heilige Stuhl seinen Protest kundtun will. Am 25. Februar ist der Pontifex selbst die wenigen hundert Meter zur russischen Botschaft gegangen und hat seine Verurteilung der Militäraktion persönlich vorgetragen. Kardinalstaatssekretär Parolin hat wiederholt die Vermittlerdienste des Vatikans angeboten. Für Franziskus ist die Situation nicht einfach. Ein zu scharfer Protest könnte negative Auswirkungen auf die Situation der Katholiken in Russland haben. Das Verhältnis zwischen dem Vatikan und der russisch-orthodoxen Kirche ist ebenfalls nicht einfach. Franziskus gibt die Hoffnung nicht auf, dass sich eine Möglichkeit für einen Dialog findet. Mitte März

2022 sprechen Papst Franziskus und der russisch-orthodoxe Patriarch Kyrill I. bei einer Videokonferenz über den Krieg. Es wird deutlich, dass die beiden Kirchenmänner keine gemeinsame Linie finden. Im Verlauf des Jahres 2022 gibt es zwei Anläufe für eine Begegnung der beiden. Die für Juni geplante Begegnung in Jerusalem wird von vatikanischer Seite abgesagt, nachdem Kyrill I. weiter vorbehaltlos den Angriffskrieg Russlands verteidigt. Eine für September in Kasachstan angedachte Begegnung sagt schließlich wenige Wochen vorher der russische Patriarch ab. Sie sollte am Rande einer Religionskonferenz stattfinden. Das war der russischen Seite zu wenig. Der vatikanische Ökumeneminister, Kardinal Kurt Koch, hatte den Patriarchen wiederholt zu einer Kurskorrektur aufgefordert.

Dieses Verhalten des Papstes schadet seinem Ansehen bei vielen Gläubigen. Allerdings bleibt er seiner Linie treu. Ähnlich zurückhaltend agiert er seit langer Zeit mit Blick auf China. Bis heute sind Beobachter verwundert, warum Franziskus zu den Protesten in Hongkong in den Jahren 2019 und 2020 geschwiegen hat. War es der Preis dafür, dass er unbedingt nach China reisen will? War es der Preis dafür, dass die chinesische Regierung nicht noch stärker gegen die Religionsgemeinschaften vorgeht? Ist er so zurückhaltend, weil er das geheime Abkommen nicht gefährden will, dass der Heilige Stuhl 2018 mit China beschlossen hat? Darin geht es unter anderem um das Verfahren zur Ernennung neuer Bischöfe. Zuletzt wurde es im Oktober 2022 noch einmal verlängert. Von vatikanischer Seite hofft man, damit einen Fuß in der Tür zu haben auf dem Weg zu einer Normalisierung der Beziehungen. Doch selbst Papst Franziskus stellte im Spätsommer 2022 fest, dass China in langen Zeiträumen denke und man Geduld haben müsse. Es fällt auf, dass der Pontifex ins elfte Amtsjahr geht, ohne den Dalai Lama nur einmal getroffen zu haben. Wie kann das sein, wo er in diesem doch einen Verbündeten finden könnte beim Schmieden einer Allianz der Religionsführer für Frieden und gegen Unterdrückung!?

Trotz dieser kritischen Anfragen an das politische Engagement des Papstes und seiner Diplomaten ist die starke politische Komponente ein wichtiger Akzent im Pontifikat und führt dazu, dass Franziskus weit über die Grenzen der eigenen Konfession und Religion als moralische Autorität anerkannt wird. Die Kraft der Autorität ist dabei weniger in formalen oder rechtlichen Belangen begründet als vielmehr in der Authentizität des Handelns von Franziskus, der Deckung von Wort und Tat, seiner konkreten Sorge um jeden Menschen.

Franziskus will Seelsorger sein. Das bedeutet, dass er einerseits den Menschen nahe sein will in ihren Ängsten und Nöten. Zugleich setzt er politische Akzente, um den Menschen nicht nur geistliche Hilfe anbieten zu können. Er will reale Veränderungen schaffen. Dabei sieht er jeden einzelnen Christen, jede einzelne Christin in der Verantwortung. Veränderung, kirchlich wie gesellschaftlich, muss von unten her wachsen, setzt bei den einzelnen Menschen an. Davon ist Franziskus überzeugt.

Sexualisierte Gewalt und die katholische Kirche

Zum Schluss möchte ich noch eine weitere Koordinate einführen, die für die Betrachtung des Pontifikats wichtig ist: der Umgang mit sexualisierter Gewalt in der Kirche, die Frage nach Aufarbeitung, Prävention und notwendigen Veränderungen. Hier fällt die Bilanz nach zehn Jahren Pontifikat gemischt aus. Sehr schnell hat Franziskus eine Kinderschutzkommission eingerichtet. Ihr Fokus bei der Arbeit liegt vor allem bei der Prävention. Hier gibt es eine enge

Verzahnung mit dem Kinderschutzzentrum, das 2012 mithilfe von Kardinal Reinhard Marx in München gegründet wurde und mittlerweile an der Päpstlichen Universität Gregoriana in Rom angesiedelt ist – unter Leitung des Jesuiten Hans Zollner. Franziskus hat auch an vielen Stellen das Kirchenrecht verschärft. Verstärkt werden in den letzten Jahren auch Bischöfe und andere kirchliche Verantwortungsträger zur Rechenschaft gezogen, die Missbrauch vertuscht oder die Aufarbeitung verschleppt haben. Hier gab es mittlerweile eine große Zahl von Bischofs-Rücktritten rund um den Globus. Wichtig war auch der Missbrauchsgipfel, der im Februar 2019 im Vatikan stattfand und mit dem Franziskus signalisieren wollte, ich habe verstanden, es handelt sich um ein weltkirchliches Problem. Damals waren die Vorsitzenden aller Bischofskonferenzen anwesend. Doch längst haben nicht alle Bischofskonferenzen eine systematische Aufarbeitung gestartet. In Spanien etwa kommt sie Anfang 2022 langsam in Gang, auch in Portugal. Doch in Italien, also vor der Haustür des Papstes, lässt sie noch immer auf sich warten. Im Mai 2022 beschließen die italienischen Bischöfe, eine Studie über die vergangenen beiden Jahre zu erstellen, 20 Jahre nachdem in den USA und Irland deutlich wurde, dass es sich nicht um Einzelfälle handelt. Franziskus selbst lässt immer wieder Zweifel aufkommen, wie ernst es ihm wirklich ist. Der Umgang mit den Rücktrittsangeboten von drei deutschen Bischöfen ist ein Beispiel dafür. Wiederholte Schuldbekenntnisse und Vergebungsbitten nutzen sich ab, wenn es nicht auch zur Übernahme von Verantwortung durch Personen kommt, die dann auch entsprechende Konsequenzen nach sich ziehen. Neben der Verantwortung für konkrete einzelne Fälle von Missbrauch und der Aufarbeitung gibt es auch eine moralische Verantwortung, die Verantwortung der Institution. Hier ist der Kurs von Franziskus nicht wirklich konsequent. Das gilt auch beim Thema Transparenz, wenn es um Verfahren gegen Bischöfe geht. So wird im Herbst 2022 eher zufällig bekannt, dass bereits zwei Jahre zuvor Strafmaßnahmen gegen den Friedensnobelpreisträger und ehemaligen Bischof von Osttimor, Carlos Filipe Ximenes Belo, wegen Missbrauchstaten verhängt worden waren. Auch die katholische Kirche in Frankreich wird im Herbst 2022 von einem Fall erschüttert, in dem erst lange nach dem Rücktritt des Bischofs von Créteil der wahre Grund für dessen Rücktritt bekannt wurde. Michel Santier ist nicht nur, wie im Januar 2021 offiziell angegeben, wegen eines schweren Corona-Verlaufs zurückgetreten, sondern weil er zwei Männer missbraucht hat. Diese Fälle zeigen, dass es noch immer an der notwendigen Transparenz in den Verfahren mangelt. So wird es weiter schwierig bleiben für die katholische Kirche, Vertrauen bei den Menschen zurückzugewinnen.

Fazit
Es bleibt also noch viel zu tun für Franziskus. Amtsmüde ist er noch lange nicht. Er sucht die Herausforderungen, wie etwa sein Reiseprogramm zeigt. Er hat der Kirche Luft verschafft für Diskussionen über längst fällige Themen. Debatten sind Ausdruck eines lebendigen Organismus, deshalb sind sie nichts Negatives. Nach wie vor wird der Diskurs sehr stark von den konservativen Kräften bestimmt, die schnell die Gefahr eines Schismas in der katholischen Kirche heraufbeschwören. Die Millionen Menschen, die in den vergangenen Jahrzehnten die Kirche verlassen haben, weil sie sich nicht weiterentwickelt hat, werden dabei gerne vergessen. Es lohnt, den Weg zu beschreiten, den Franziskus für seine Kirche vorgeben möchte: eine barmherzige Kirche, die nicht

ausschließt, sondern integriert, die sich einmischt in den gesellschaftlichen Diskurs, die wegkommt von einer Fokussierung auf den Klerus hin zu einer synodalen Kirche. Da gibt es viel zu tun für jede und jeden Einzelnen, aber auch für die Institution als Ganze.

Stefan von Kempis

Papst Franziskus:
Ein Rufer in der Wüste?

„Rufer in der Wüste" – da denken wir an Johannes den Täufer, an Heuschrecken und wilden Honig. Passt das auf den Argentinier Bergoglio, der seit 2013 an der Spitze der kirchlichen Hierarchie steht? Natürlich empfängt Papst Franziskus die Menschen nicht in der Wüstenei am Jordan, sondern auf dem Petersplatz; trotzdem, in einer Hinsicht stimmt das Prädikat. Diesem Papst ist es tatsächlich um die prophetische Geste zu tun: Er ist in gewisser Hinsicht ein Prophet unserer Zeit, er will – im besten Sinne – ein Störfaktor sein, ein Aufrüttler, ein Mahner.
Beispiele für diesen prophetischen Charakter des Pontifikats sind Legion. Der Papst, der Migranten und Flüchtlinge im Auffanglager auf der Insel Lesbos besucht. Der das Papamobil in den palästinensischen Autonomiegebieten anhalten lässt, um die Sperrmauer, die die Israelis hochgezogen haben, zu berühren und dort still zu beten. Der während der Generalaudienz eine ukrainische Fahne aus Butscha entfaltet und küsst, kurz nach dem Bekanntwerden der russischen Gräueltaten an Zivilisten dort.

Jesaja im Vatikan
Nimmt man diesen Papst als Propheten ernst, dann wird auch einiges an seiner Sprechweise klarer. Man kann sich darüber wundern oder echauffieren, wenn Franziskus über unser doch ziemlich komplexes internationales Finanzsystem befindet: „Diese Wirtschaft tötet", wenn er Abtreibung mit Auftragsmorden durch einen Killer vergleicht, Flüchtlings-

lager in die Nähe von KZs rückt oder schon lange vor Ausbruch des Ukraine-Konflikts behauptet, die Menschheit erlebe derzeit einen: „Dritten Weltkrieg in Stücken". Hat man aber die schneidenden Mahnrufe und Übertreibungen eines Jesaja oder Jeremia im Ohr, dann wird einem die Verwandtschaft in der Perspektive auffallen.

Hier geht es nicht um Abwägen, ums Differenzieren. Dieser Papst überzeichnet gnadenlos, um auf Missstände aufmerksam zu machen; er sorgt dafür, dass die glatt und passend gemachte Botschaft des Evangeliums wieder eckig wirkt, lästig – „Stein des Anstoßes". Damit ist diesem Papst internationale Aufmerksamkeit sicher. Klar ist andererseits auch, dass man die Worte eines Propheten nicht immer zum Nennwert nehmen kann. Und dass man von einem Propheten nicht allzu großes Interesse für Verwaltung, Bürokratie, Finanz- und Strukturreformen erwarten sollte.

„Oppositionelle Einzelgänger"

Ein Papst also als Prophet? Die Propheten des Alten Testaments waren, um mit einem verbreiteten Missverständnis aufzuräumen, keine Wahrsager. Vielmehr analysierten sie schonungslos die Zeichen ihrer Zeit (Sehen), entwickelten daraus Mahnungen bzw. Forderungen (Urteilen) und bekräftigten das gegebenenfalls durch – oft zeichenhafte – Taten (Handeln). Die auf Dauer einflussreichsten Propheten des Alten Bunds kann man als „oppositionelle Einzelgänger" (E. Zenger) einstufen, die von einer Randsituation aus ihren Zeitgenossen eine oft unbequeme Gottesbotschaft überbrachten. Denken wir an die beißende Sozialkritik des Amos oder die Zeichenhandlung des Hosea, der eine Prostituierte heiratet, um dem treulosen Volk vor Augen zu führen, dass Gott sich von ihm abwendet.

Die Kirche in Lateinamerika, der der Papst „vom Ende der Welt" entstammt, bemüht sich seit dem Zweiten Vatikanischen Konzil, namentlich seit der Konferenz von Medellín 1968, um eine dezidiert prophetische Rolle. In ihren großen Dokumenten geht sie nach dem oben angedeuteten Dreischritt Sehen-Urteilen-Handeln vor. Dabei wird die Theologie eng an die Realität zurückgebunden und die soziale Verantwortung der Christen herausgestrichen – ein Prophetentum 2.0, wenn man so will.

„Alle sind Propheten"
Dem heutigen Papst kam als Erzbischof von Buenos Aires bei einer dieser lateinamerikanischen Kirchenversammlungen (der von Aparecida 2007, die die Linie von Medellín fortschrieb) eine wichtige Rolle zu. Er hat diesen prophetischen Anspruch verinnerlicht und versucht, ihn zu leben; vieles von dem, was an seinem Pontifikat auf europäische Beobachter seltsam oder erklärungsbedürftig wirkt, rührt hierher. Propheten sind für Franziskus, wie er einmal bei einem Besuch auf der arabischen Halbinsel ausgeführt hat, „aufmerksame Deuter der Wirklichkeit, die fähig sind, in den manchmal undurchsichtigen Handlungssträngen der Geschichte die Gegenwart Gottes zu erkennen" (Ansprache in Manama/Bahrain, 5.11.22) – so weit, so alttestamentlich. Doch dann ein kühner Schwenk vom Besonderen ins Allgemeine: „Auch wir haben diese prophetische Berufung: Alle Getauften haben den Geist empfangen und alle sind Propheten."
Das ist eine für Franziskus sehr typische Popularisierung eines eigentlich exklusiven Begriffs; bei „Heiligen" verfährt er ähnlich. Ebenso kennzeichnend ist, dass er davon ausgehend sehr heutig, sehr konkret wird: Alle Getauften müssten sich

also „die Hände schmutzig machen" und „die Seligpreisungen des Evangeliums im Alltag praktizieren", denn genau dazu befähige uns die Prophetie, dazu sei sie da.

Das donnernde Herz

Mit der Amazonas-Synode vom Oktober 2019 hat Franziskus erstmals auf weltkirchlicher Ebene den spezifisch prophetisch-lateinamerikanischen Blick auf die Wirklichkeit an einem konkreten Beispiel vorgeführt. Sein Lehrschreiben *Querida Amazonia* von 2020 entfaltet vier „Visionen" für die Amazonasregion (eine soziale, eine kulturelle usw.), die mit vier Traum-Sätzen eingeleitet werden, alle nach dem Modell: „Ich träume von einem Amazonien, das …" Natürlich darf man da an Martin Luther Kings „I had a dream" denken, aber ebenso an die Visionen alttestamentlicher Propheten. Ausgesprochen häufig zitiert das Schreiben die Stimmen von Dichterinnen und Dichtern. Eine Kostprobe: „Es nähert sich dieser Stern, / die Kolibris schlagen mit ihren Flügeln, / lauter als der Wasserfall donnert mein Herz …" Das ist deutlich näher an prophetischer Rede als an päpstlichen Verlautbarungen der Vergangenheit.

An einer Stelle in *Querida Amazonia* ruft der Papst auch ganz ausdrücklich zu einer „Prophetie der Kontemplation" auf: Wir sollten „Amazonien *betrachten* und nicht nur analysieren", sollten wie die autochthonen Völker „mit dem Wald in Gemeinschaft treten", dann werde diese Region „zu uns gehören wie eine Mutter", und wir könnten sie als „einen theologischen Ort" entdecken, als „einen Raum, wo Gott selbst sich zeigt".

Visionen mit Büroklammer
Viele, vor allem westliche Beobachter/Teilnehmer der Amazonassynode, hatten sich von Franziskus vor allem eine klare Ansage zu *Viri probati* und eine Lockerung der Zölibatsverpflichtung für Priester erwartet. Stattdessen bekamen sie ein Papstschreiben, das entschieden als prophetischer Text gelesen und rezipiert werden will. Nicht wenige reagierten deshalb enttäuscht auf *Querida Amazonia* – das war ihnen alles zu poetisch, nicht konkret genug. Dabei treten in diesem römischen Dokument ein ganz neuer Stil und Anspruch hervor. Hier geht es nicht um Kirchenpolitik, sondern um die *Essentials* des Christlichen. Es dürfte spannend werden zu sehen, inwieweit dieser prophetische Blickwinkel auch den weltweiten synodalen Prozess bestimmen wird, den Franziskus im Oktober 2021 angestoßen hat.
Auch das Misstrauen des Papstes gegenüber dem „Synodalen Weg" der katholischen Kirche in Deutschland erscheint mit unserem prophetischen Deutungsmuster plausibel. Der alte Jesaja vom Tiber nimmt den deutschen Bürokraten ihren Gestus des Prophetischen einfach nicht ab; er wittert in dem Reformprojekt ein Wiederaufwärmen jahrzehntealter Forderungen, aber keine wirklichen Visionen für eine Kirche der Zukunft. Gesprächsweise gibt der Papst zu, dass auch er schon homosexuellen Paaren abseits der Kameras seinen Segen erteilt hat, wenn sie ihn darum baten, doch ihn empört, dass man solche prophetischen Handlungen jenseits der Alpen unbedingt in Texte gießen und mit Büroklammern abheften will – das raubt ihnen das Zeichenhaft-Mutige, und vor allem daran ist diesem Pontifex gelegen.

Disruptives Auftreten

Wir beschäftigen uns in diesem Text also mit Franziskus, dem Propheten. Womit nicht gesagt ist, dass sich für dieses ungewöhnliche Pontifikat nicht auch andere, passende Schablonen finden ließen: etwa „Franziskus, der Jesuit" (das wäre ein interessanter Ansatz) oder „Franziskus, der Seelsorger" (das erschien mir die vielversprechendste Hermeneutik dieses Pontifikats bis zu dem Tag im Mai 2020, an dem Franziskus auf einmal seine täglichen Santa-Marta-Messen, die bis dahin als geheime Herzmitte seines Wirkens gegolten hatten, einstellte). Auch der „radikale Papst" ist, wie Erbacher gezeigt hat, ein sehr vielversprechender Blickwinkel: ein Papst, der kompromisslos zurückwill zu den Wurzeln des Christentums. Den Prophetie-Leseschlüssel für dieses Pontifikat wählen wir vor allem deshalb, weil er auch da noch funktioniert, wo andere nicht hinreichen.

Werfen wir, um das gleich deutlich zu machen, einen Blick auf die Persönlichkeit dieses Papstes, auf sein Auftreten. Viele seiner Vorgänger aus dem 20. Jahrhundert sind selig- oder gar heiliggesprochen worden, auch ein Benedikt XVI. (2005–13) trat in der Regel heiter-sanftmütig auf. Anders Franziskus: Er wirkt oft mürrisch, aufbrausend, er kann schnell die Geduld verlieren, er hat – das würde er selbst wohl am wenigsten bestreiten – seine Grenzen und Fehler. Mit seinem häufigen Insistieren auf dem Thema der Barmherzigkeit und der ständig geäußerten Bitte, für ihn zu beten, leistet er dem Eindruck, dass er sich selbst in erster Linie als Sünder sieht, noch Vorschub.

Tränen nach der Papstvisite

Es gibt zahlreiche Episoden, in denen dieser Papst nicht gerade als Heiliger dasteht. Denken wir an die Audienz, in der er Kardinal Angelo Becciu, einen seiner engsten Mitarbeiter, in beispielloser Weise degradierte. Oder an den Moment, in dem er den deutschen Kardinal Gerhard Ludwig Müller zum Rücktritt als Präfekt der Glaubenskongregation zwang. An die rücksichtslos wirkende Art und Weise, in der er noch zu Lebzeiten seines Vorgängers Benedikt dessen Rehabilitation der sogenannten „Alten Messe" rückgängig machte. Oder an die Entscheidung vom November 2021, die Führungsspitze von „Caritas Internationalis" zu entmachten, obwohl das seinen „Kronprinzen", den philippinischen Kurienkardinal Luis Tagle, der Präsident dieses Verbands war, vor den Kopf stoßen musste. Denken wir daran, wie dieser Papst eine Frau auf den Arm schlug, weil sie bei einer Audienz seine Hand zu lange festhielt. Der Autor dieser Zeilen hat einen – sagen wir ruhig: verunglückten – Papstbesuch bei Radio Vatikan erlebt, bei dem Franziskus ausgesprochen schroff auftrat und schließlich aus dem Palazzo rauschte, ohne seinen Segen erteilt zu haben. Viele Redakteure waren nach diesem Papstbesuch in Tränen aufgelöst.

Man könnte diese Liste durchaus fortsetzen, aber darum geht es nicht. Entscheidend ist für unseren Zusammenhang die Feststellung, dass dieser Papst nicht als potentieller Heiliger auftritt, sondern disruptiv. Ein Wut-Papst könnte man sagen, analog zu der Wortschöpfung vom „Wutbürger". Doch auch hier gilt: Von einem Propheten erwartet man gar nicht, dass er privat ein herzlicher, freundlicher Mensch ist. Jesus trieb einst in einer Aufwallung von Zorn die Händler mit einer Geißel aus dem Tempel. Hand aufs Herz: Eine solche Szene könnten wir uns auch bei Franziskus vorstellen – aber ansonsten bei keinem seiner Vorgänger im 20. Jahrhundert, vielleicht mit Ausnahme von Pius XI.

Bileam und das Corona-Virus

Während der Corona-Pandemie hat sich der prophetische Ansatz von Papst Franziskus auf beeindruckende Weise bewährt. Hunderttausende verfolgten während eines strengen Lockdown in Italien im Frühjahr 2020 jeden Morgen via Internet-Livestream seine Frühmesse aus der Santa-Marta-Kapelle im Vatikan; seine regelmäßige Präsenz machte Millionen von verunsicherten Menschen Mut zum Durchhalten. Ein Sonder-„Urbi et Orbi" auf einem menschenleeren Petersplatz geriet ihm zu einem außergewöhnlichen, zeichenhaften Akt. Normalerweise kann sein ernster, nahezu unwirscher Gesichtsausdruck in Momenten großer Liturgie so wirken, als stehe er innerlich auf Distanz zum Geschehen, doch hier war der vermittelte Eindruck ein ganz anderer; man konnte an Bileam denken, der wider Willen Segen statt Fluch spenden musste, denn in einem Augenblick des Fluches – Lockdown, erstickende Menschen auf Intensivstationen, in ihren Häusern eingesperrte Familien – wurde hier gesegnet. Wenn es ein Bild gibt, das von diesem Pontifikat bleiben wird, dann ist es das Bild des Papstes, wie er auf der nächtlichen Piazza den eucharistischen Segen erteilt, während sich in der Ferne das Blaulicht eines Krankenwagens dreht.

Der Maulkorb der Realpolitik

Anders verhält es sich allerdings mit dem Ukraine-Krieg: Hier hat sich Franziskus in der Hoffnung, irgendwann und irgendwie als Friedensvermittler eine Rolle zwischen Moskau und Kiew spielen zu können, die prophetischen Flügel stutzen lassen. Zwar entsprach seine erste Reaktion auf den Kriegsausbruch am 24. Februar 2022 noch dem für ihn kennzeichnenden Muster – weil im Kreml niemand auf seine Anrufe antwortete, suchte er kurzentschlossen den russischen Vertreter beim Heiligen Stuhl in der Botschaft an der *Via della Conciliazione* auf, eine ungewöhnliche Geste. Doch dann gewann die vatikanische Realpolitik schnell die Oberhand über seinen prophetischen Impuls. Um es sich nicht mit Putin zu verderben, beklagte der Papst zwar lauthals die Leiden der Ukrainer, ließ sich aber monatelang nicht dazu hinreißen, den russischen Aggressor beim Namen zu nennen, und rief nur in sehr allgemeinen Wendungen zu einem Waffenstillstand auf.

Tragisch und auch überraschend: Ausgerechnet der Prophet auf dem Stuhl des Petrus ist in eine ähnliche Lage geraten wie einst Pius XII. angesichts der Shoah. Auch wenn Geschichte sich angeblich nicht wiederholt – das Schweigen eines Papstes angesichts von eklatanten Menschheitsverbrechen wiederholt sich, wenngleich unter anderen Vorzeichen. Wer hätte das gedacht!

Thomas von Aquin im Papierkorb

Tragisch ist das auch deshalb, weil gerade dieser Papst die bisherige katholische Lehre von Krieg und Frieden mit einer Geste leidenschaftlicher Unbedingtheit über Bord geworfen hat. In seiner Enzyklika *Fratelli tutti* vom Herbst 2020 stopfte er die u.a. von Thomas von Aquin entwickelte Doktrin vom „gerechten Krieg" kurzerhand ins Altpapier; angesichts der Zerstörungskraft moderner Waffen sah er so gut wie keine mögliche Legitimation mehr für einen Krieg, selbst nicht für einen Verteidigungskrieg. Schon zuvor hatte er 2017 erklärt, dass es keinerlei Rechtfertigung für den Besitz von Atomwaffen gebe. Das Kalte-Kriegs-Konzept eines „Gleichgewichts des Schreckens", das seine unmittelbaren Vorgänger noch akzeptierten, hat er verdammt – „gerade weil das Vor-

handensein (von Nuklearwaffen) in Funktion einer Logik der Angst steht, die nicht nur die Konfliktparteien betrifft, sondern das gesamte Menschengeschlecht".
Prophetische Verschärfung und Vereindeutigung. Mit der gleichen Verve hat Franziskus 2018 die Todesstrafe verurteilt und dafür sogar den entsprechenden Passus im maßgeblich von seinem deutschen Vorgänger Benedikt erstellten „Katechismus der Katholischen Kirche" geändert.

Fliegende Bonmots
Pater Bernd Hagenkord und Jürgen Erbacher haben in ihren Aufsätzen in diesem Buch Koordinaten in dieses scheinbar chaotische, jedenfalls unsystematische argentinische Pontifikat eingezogen, und es ist nur recht und billig, dass auch wir uns an diesen Linien orientieren. Zur Kommunikation des Propheten-Papstes haben wir schon einiges skizziert; wichtig scheint uns in diesem Zusammenhang aber noch die Frage, ob Franziskus bei seiner Kommunikation wirklich eines Gegenübers und eines Dialogs bedarf. Zwar will er, wie Jürgen Erbacher zutreffend notiert, „die Menschen direkt ansprechen", aber er braucht dabei nicht unbedingt eine Antwort: Der Prophet liefert seine Gottesrede ab, und das war's dann. Bei seinen Auslandsreisen halten oft Jugendliche oder Ordensleute Ansprachen im Beisein des Papstes, doch die Texte werden vorher eingereicht, und für die Rede des Gastes aus Rom sind sie dann lediglich Stichwortgeber, damit er seine spezifische Botschaft vortragen kann. Der Eindruck vom dialogischen Papst könnte also in die Irre führen – denn braucht ein Prophet wirklich Dialog?
Man könnte die „fliegenden Pressekonferenzen" als Gegenbeispiel anführen, also die Antworten, die der Papst regelmäßig auf der Rückkehr von Auslandsreisen im Flugzeug

auf die Fragen der mitreisenden Journalisten erteilt. Doch ist mein Eindruck, dass er sich in diesem Format nicht wirklich wohlfühlt. Oft sind seine Einlassungen bei diesen Gelegenheiten ungeordnet oder repetitiv; und findet er doch zu einer griffigen Formulierung, ist sie meist von prophetischem Zuschnitt – etwa wenn er, auf den damaligen US-Präsidenten Trump angesprochen, versetzt: „Wer nur Mauern baut und keine Brücken, der ist kein Christ."

„Das Leben ist größer als Deutungen"
Blicken wir auf die ökumenische Koordinate, dann muss man tatsächlich konstatieren, dass unter Franziskus auf diesem Gebiet nur wenig Fortschritt passiert ist – jedenfalls wenn man vor allem die „klassische", die Ökumene zu den Kirchen der Reformation, im Auge hat. Die großen Hoffnungen auf eucharistische Gastfreundschaft, die speziell in der Luther-Dekade in Deutschland aufgekommen sind, haben sich nicht erfüllt. Bezeichnenderweise interessiert sich dieser Papst weniger für Luther (von dessen „Rehabilitierung" im Vatikan keine Rede ist) als für die Schriften des von den Nazis hingerichteten Dietrich Bonhoeffer.
Und dennoch hat sich ökumenisch etwas verändert in diesem Pontifikat. Im November 2015 besuchte Franziskus die evangelisch-lutherische Gemeinde in Rom; dabei fragte ihn eine deutsche Protestantin, die mit einem katholischen Italiener verheiratet ist, warum sie „am Abendmahl des Herrn nicht gemeinsam teilnehmen" könnten. Der Papst setzte zu einer etwas gewundenen Antwort an, befand aber schließlich, beide Konfessionen hätten die Taufe gemeinsam und beide glaubten an die Gegenwart des Herrn in Abendmahl bzw. Eucharistie, nur „die Erklärungen, die Deutungen" seien andere. Aber: „Das Leben ist größer als Erklärungen und Deutungen.

Nehmt immer auf die Taufe Bezug: ‚Ein Glaube, eine Taufe, ein Herr', sagt uns Paulus, und von daher zieht die Schlussfolgerungen ... Sprecht mit dem Herrn und geht voran ..."

Arm in Arm mit dem Großscheich
Eine bemerkenswerte Äußerung aus dem Mund eines Papstes. Erst wenn man sie durch die prophetische Brille liest, kann man verstehen, wie souverän sie sich über Lehrunterschiede und Dogmatik hinwegsetzt. Hier erkennen wir die Methode Bergoglio, im Ökumenischen wie in anderen Bereichen: Unterschiede für belanglos erklären, sich mit einem Schwung über das Trennende hinwegsetzen, prophetisch eine Einheit postulieren oder antizipieren, die stärker als alle Spaltungen ist.
Jürgen Erbacher zieht die ökumenische Koordinate zu Recht noch weiter ins Interreligiöse aus, und hier finden wir das gleiche Bild. Der Papst, der kein großes Interesse an interreligiösen Debatten unter Theologen erkennen lässt, wirbt umso hartnäckiger für ein gemeinsames Auftreten und Handeln der Religionen und ignoriert dabei entschlossen alles Trennende. Den ägyptischen Großscheich al-Tayyeb, einen grimmig dreinblickenden Mann, hat er zu seinem Freund erklärt, und auch wenn man trotz der immer wieder vollzogenen Umarmungen der beiden Religionsführer durchaus Zweifel an dieser Freundschaft haben darf, so hat Franziskus doch mit Beharrlichkeit diesen Eindruck zu erwecken gewusst – und dadurch die Niederungen in den katholisch-islamischen Beziehungen, in denen sich einst ein Benedikt XVI. mit seiner „Regensburger Rede" verhedderte, beherzt übersprungen. Zumindest atmosphärisch erreicht Franziskus im Interreligiösen viel mit seinem prophetischen Ansatz, mehr als in der Ökumene – was vielleicht auch mit einem eher büroklam-

merhaften als visionären ökumenischen Denken in unseren Breiten zu tun hat.

Franziskus, der Kommunist
Blicken wir auch noch, vielleicht etwas weniger ausführlich, auf die weiteren, von Hagenkord und Erbacher gezeichneten Koordinaten. Die Koordinate der Politik: Hier ist Franziskus mit seinem Sinn für eindringliche Gesten zu einer prophetischen Gestalt auf der Weltbühne geworden, mit der sich viele Hoffnungen verbinden. Er unterstützt den Kampf gegen die Auswirkungen des Klimawandels, indem er zu dem Thema kurz vor dem Pariser Klimagipfel 2015 eine eigene Enzyklika (*Laudato si'*) verfasst und Greta Thunberg bei einem Treffen auf dem Petersplatz in ihrem Engagement ermutigt; er sorgt für ein (allerdings nur vorübergehendes) Tauwetter zwischen Kuba und den USA; er reist als erster Staatschef zunächst nach Palästina und dann erst nach Israel. Bei Kongressen von Volksbewegungen tritt er mit sozialpolitischen Donnerworten auf, auch wenn er in Kauf nehmen muss, deswegen als „Kommunist" etikettiert und von Figuren wie dem früheren bolivianischen Indio-Präsidenten Evo Morales vereinnahmt zu werden.

Generell wirkt Franziskus in politischer Hinsicht groß, wo er seinen prophetischen Ansatz zur Geltung bringen kann (zum Beispiel bei seinem Engagement für Bootsflüchtlinge), aber kleinmütig, wo ihn realpolitische Erwägungen zu Rücksichtnahme zwingen. Das gilt neben dem schon angeführten Beispiel Ukraine-Krieg vor allem für das Verhältnis des Vatikan zu China.

Die Koordinate der Reform: Da hat dieser Papst zwar tatsächlich mit *Praedicate Evangelium* 2022 ein neues Kurien-Grundgesetz abgeliefert, aber es hat lange gedauert (neun

Jahre), und das Rad haben er und sein Kardinalsrat dabei nicht neu erfunden. Aus seinem Desinteresse an Strukturen macht Franziskus keinen Hehl, er will eine Reform in den Köpfen und Herzen, keine neuen Organigramme. Einiges an den von ihm angestoßenen Reformen wirkt dementsprechend halbherzig, nicht zu Ende gedacht.

Missbrauch: Der blinde Fleck des Propheten
Das gilt leider auch für sein Agieren angesichts der beispiellosen Missbrauchsskandale in vielen Teilen der Weltkirche. Zwar hat Franziskus vieles für die Prävention von Missbrauch getan und die kirchlichen Strafen für Täter verschärft (bis hin zur Absetzung von Bischöfen, die Missbrauchsfälle vertuscht haben). Doch immer wieder nähren Äußerungen von ihm den Eindruck, dass er den Ernst des Problems nicht ganz erkannt hat.
Als er einmal das Schlagen von Kindern vertretbar nannte, solange es die Würde des Kindes nicht beeinträchtige, widersprach ihm Kardinal Sean O'Malley, der Leiter der vatikanischen Missbrauchskommission, öffentlich. Als die deutschen Bischöfe auf die Missbrauchsskandale mit einem „Synodalen Weg" reagierten, schrieb Franziskus 2019 einen Brief an die Katholiken in Deutschland, in dem er das Wort Missbrauch noch nicht einmal erwähnte. Und auf einer Reise nach Chile stellte er sich derart demonstrativ hinter einen der Vertuschung von Missbrauch bezichtigten Bischof, dass die Reise scheiterte wie selten eine Papstreise zuvor (Fall Barros). Zu Kopfschütteln und Entsetzen führte es auch, als Franziskus bei einem Anti-Missbrauch-Gipfel im Vatikan das Phänomen Missbrauch vor allem im familiären Bereich verortete (was wie eine Relativierung von Missbrauchsfällen im kirchlichen Bereich wirkte), es dann mit dem Wirken des Teufels

in Verbindung brachte und schließlich „alle ideologischen Polemiken und die journalistischen Kalküle" kritisierte, „die oftmals die von den Kleinen durchlebten Dramen aus verschiedenen Interessen instrumentalisieren".

Ausgerechnet in diesem Bereich hat Franziskus nicht zu prophetischen Worten, Gesten, Taten gefunden – eine schwere Hypothek, die auf diesem Pontifikat lastet, wie übrigens auch auf den beiden vorangegangenen. Schwer zu sagen, woran es bei Franziskus hakt. Eigentlich hätte gerade dieser Papst das Potential, die Missbrauchsskandale als „Zeichen der Zeit" zu lesen und die Kirche in dieser Hinsicht auf einen Weg der inneren Reform zu führen.

Schwächen – und Chancen
Ein Papst als Prophet: Dieser Leseschlüssel hat uns erlaubt, einige Besonderheiten des argentinischen Pontifikats besser zu verstehen. Dabei sind auch eine Reihe von Schwächen und Grenzen dieses Papstes deutlich geworden. Wir sollten aber vor allen Dingen die Chancen eines solchen prophetischen Ansatzes nicht aus den Augen verlieren, so ungewohnt er für uns Europäer auch sein mag.

Franziskus wuchert mit einem selten gewordenen Pfund, nämlich der Glaubwürdigkeit, der Authentizität. Seine großen prophetischen Impulse drängen zu einer Rückbesinnung aufs Wesentliche im Christentum: „Ach, wie gerne hätte ich eine arme Kirche für die Armen", „die Kirche, die herausgeht", die „verbeulte" Kirche, das „Feldlazarett". Der Rufer in der Wüste lässt uns die Schemen einer Kirche der Zukunft sehen: einfacher, engagierter, ehrlicher. Näher an den Ursprüngen. Das Papstamt hat er mit seinem prophetischen Ansatz mindestens so stark verändert wie einst Benedikt mit seinem Rücktritt.

Papst Franziskus

Wir brauchen keine andere Kirche, aber wir brauchen eine Kirche, die anders ist

2013

Beten wir füreinander!
Jetzt beginnen wir diesen Weg – Bischof und Volk –, den Weg der Kirche von Rom, die den Vorsitz in der Liebe führt gegenüber allen Kirchen; einen Weg der Brüderlichkeit, der Liebe, des gegenseitigen Vertrauens. Beten wir immer füreinander. Beten wir für die ganze Welt, damit ein großes Miteinander herrsche.
Apostolischer Segen „Urbi et Orbi", Erste Grußworte von Papst Franziskus, Mittwoch, 13. März 2013

Stallgeruch
Seid Hirten mit dem „Geruch der Schafe", dass man ihn riecht –, Hirten inmitten ihrer Herde und Menschenfischer.
Chrisam-Messe, Predigt, Gründonnerstag, 28. März 2013

Wer bin ich, zu urteilen?
Wenn einer *Gay* [homosexuell] ist und den Herrn sucht und guten Willen hat – wer bin dann ich, ihn zu verurteilen?
Apostolische Reise nach Rio de Janeiro aus Anlass des XXVIII. Weltjugendtags, Pressekonferenz auf dem Rückflug aus Brasilien, Sonntag, 28. Juli 2013

Die verbeulte Kirche

49. [...] Mir ist eine „verbeulte" Kirche, die verletzt und beschmutzt ist, weil sie auf die Straßen hinausgegangen ist, lieber, als eine Kirche, die aufgrund ihrer Verschlossenheit und ihrer Bequemlichkeit, sich an die eigenen Sicherheiten zu klammern, krank ist. Ich will keine Kirche, die darum besorgt ist, der Mittelpunkt zu sein, und schließlich in einer Anhäufung von fixen Ideen und Streitigkeiten verstrickt ist.

53. Ebenso wie das Gebot „du sollst nicht töten" eine deutliche Grenze setzt, um den Wert des menschlichen Lebens zu sichern, müssen wir heute ein „Nein zu einer Wirtschaft der Ausschließung und der Disparität der Einkommen" sagen. Diese Wirtschaft tötet. Es ist unglaublich, dass es kein Aufsehen erregt, wenn ein alter Mann, der gezwungen ist, auf der Straße zu leben, erfriert, während eine Baisse um zwei Punkte in der Börse Schlagzeilen macht. Das ist Ausschließung. Es ist nicht mehr zu tolerieren, dass Nahrungsmittel weggeworfen werden, während es Menschen gibt, die Hunger leiden. Das ist soziale Ungleichheit. [...] Der Mensch an sich wird wie ein Konsumgut betrachtet, das man gebrauchen und dann wegwerfen kann. [...] Mit der Ausschließung ist die Zugehörigkeit zu der Gesellschaft, in der man lebt, an ihrer Wurzel getroffen, denn durch sie befindet man sich nicht in der Unterschicht, am Rande oder gehört zu den Machtlosen, sondern man steht draußen. Die Ausgeschlossenen sind nicht „Ausgebeutete", sondern Müll, „Abfall".

Apostolisches Schreiben „Evangelii gaudium", November 2013

2014

Vertragt euch!
Es ist normal, dass Ehepaare streiten; da ist immer irgendwas, wir haben gestritten… Vielleicht habt ihr euch geärgert, und dabei ist womöglich der ein oder andere Teller zu Bruch gegangen – aber ich bitte euch, eines nie zu vergessen: Lasst keinen Tag zu Ende gehen, ohne dass ihr euch wieder vertragen habt! Niemals, nie, nie! Das ist ein Geheimnis, ein Geheimnis, um die Liebe zu erhalten und Frieden zu schließen. Dafür bedarf es keiner großen Worte… Manchmal reicht eine einfache Geste… und der Friede ist wieder hergestellt. Niemals den Tag beenden, ohne Frieden zu schließen, denn sonst ist das, was du mit dir herumträgst, am Tag danach kalt und hart – und dann ist es noch schwerer, Frieden zu schließen.

Ansprache an junge Paare, die sich auf die Ehe vorbereiten, Freitag, 14. Februar 2014

Der Weg zur Heiligkeit
Jeder Lebensstand führt zur Heiligkeit, immer! Bei dir zuhause, auf der Straße, am Arbeitsplatz, in der Kirche, in jedem Augenblick und in deinem Lebensstand steht der Weg zur Heiligkeit offen. Lasst euch nicht entmutigen, diesen Weg zu gehen. Gott selbst schenkt uns die Gnade. Nur darum bittet der Herr: dass wir in Gemeinschaft mit ihm stehen und den Brüdern dienen. An diesem Punkt kann jeder von uns sein Gewissen etwas prüfen, wir können es jetzt tun. Jeder antwortet selbst, im Innern, in der Stille: Wie haben wir bislang auf den Ruf des Herrn zur Heiligkeit geantwortet? Möchte ich gern etwas besser, christlicher werden? Das ist der Weg der Heiligkeit.

Wenn der Herr uns einlädt, heilig zu werden, dann beruft er uns nicht zu etwas Schwerem und Traurigem… Ganz im Gegenteil! Es ist die Einladung, an seiner Freude teilzuhaben, jeden Augenblick unseres Lebens mit Freude zu leben und darzubringen und ihn gleichzeitig zu einer Liebesgabe für die Menschen um uns zu machen. Wenn wir das verstehen, dann ändert sich alles und bekommt einen neuen Sinn, einen schönen Sinn, einen Sinn, der bei den kleinen, alltäglichen Dingen beginnt. Ein Beispiel: Eine Frau geht zum Markt, um einzukaufen, und begegnet einer Nachbarin, und sie beginnen zu reden, und dann kommt der Klatsch, und diese Frau sagt: »Nein, nein, nein, ich werde über niemanden klatschen.« Das ist ein Schritt zur Heiligkeit, es hilft dir, heiliger zu werden. Zu Hause will dein Sohn dann ein wenig über das reden, was seine Phantasie beschäftigt: »Ach, ich bin so müde, ich habe heute so viel gearbeitet…« – »Setz dich hin, und höre deinem Sohn zu, er braucht es!« Und du setzt dich hin, hörst ihm geduldig zu: Das ist ein Schritt zur Heiligkeit. Dann endet der Tag, wir sind alle müde, aber da ist das Gebet. Sprechen wir ein Gebet: Auch das ist ein Schritt zur Heiligkeit.

Dann kommt der Sonntag, und wir gehen in die Messe, wir empfangen die Kommunion, der manchmal eine schöne Beichte vorausgeht, die uns etwas reinigen soll. Das ist ein Schritt zur Heiligkeit. […] Dann gehe ich auf der Straße, sehe einen Armen, einen Notleidenden, ich halte inne, ich frage ihn etwas, ich gebe ihm etwas: Das ist ein Schritt zur Heiligkeit. Es sind kleine Dinge, aber viele kleine Schritte zur Heiligkeit. Jeder Schritt zur Heiligkeit macht uns zu besseren Menschen, frei vom Egoismus und von der Verschlossenheit in sich selbst und offen gegenüber den Brüdern und ihren Nöten.

Generalaudienz, Mittwoch, 19. November 2014

2015

Damenwelt
Ein Wörtchen… über die spärliche Präsenz der Damenwelt hier! Allzu spärlich! Die Frauen haben uns viel zu sagen in der heutigen Gesellschaft. Manchmal sind wir zu chauvinistisch und lassen der Frau keinen Raum. Doch die Frau ist fähig, die Dinge mit anderen Augen zu sehen als die Männer. Die Frau ist fähig, Fragen zu stellen, die wir Männer nicht in der Lage sind, auf den Punkt zu bringen. […] Wenn also der nächste Papst nach Manila kommt, dann mögen bitte mehr Frauen da sein!
[…]
Lasst euch von Gott überraschen! Habt keine Angst vor Überraschungen – sie erschüttern den Boden unter deinen Füßen und verunsichern dich, doch sie bringen uns auf den Weg. Die wahre Liebe drängt dich, dein Leben zu verausgaben, auch auf die Gefahr, am Ende mit leeren Händen dazustehen. Denken wir an den heiligen Franziskus: Er ließ alles zurück und starb mit leeren Händen, aber mit erfülltem Herzen.
Einverstanden? Keine Museums-Jugendlichen, sondern weise junge Menschen. Um weise zu sein, die drei Sprachen gebrauchen: gut denken, gut fühlen und gut handeln. Und um weise zu sein, sich überraschen lassen von der Liebe Gottes und gehen und das Leben hingeben.
Apostolische Reise nach Sri Lanka und auf die Philippinen, Ansprache, Sportplatz der Santo-Tomas-Universität, Manila, Sonntag, 18. Januar 2015

Die Erde ist unser gemeinsames Haus
21.[…] Die Erde, unser Haus, scheint sich immer mehr in eine unermessliche Mülldeponie zu verwandeln. An vielen Orten des Planeten trauern die alten Menschen den Landschaften anderer Zeiten nach, die jetzt von Abfällen überschwemmt werden.
Gebet für unsere Erde
Allmächtiger Gott,
der du in der Weite des Alls gegenwärtig bist
und im kleinsten deiner Geschöpfe,
der du alles, was existiert,
mit deiner Zärtlichkeit umschließt,
gieße uns die Kraft deiner Liebe ein,
damit wir das Leben und die Schönheit hüten.
Überflute uns mit Frieden,
damit wir als Brüder und Schwestern leben
und niemandem schaden.
Gott der Armen,
hilf uns,
die Verlassenen und Vergessenen dieser Erde,
die so wertvoll sind in deinen Augen,
zu retten.
Heile unser Leben,
damit wir Beschützer der Welt sind
und nicht Räuber,
damit wir Schönheit säen
und nicht Verseuchung und Zerstörung.
Rühre die Herzen derer an,
die nur Gewinn suchen
auf Kosten der Armen und der Erde.
Lehre uns,
den Wert von allen Dingen zu entdecken
und voll Bewunderung zu betrachten;

zu erkennen, dass wir zutiefst verbunden sind
mit allen Geschöpfen
auf unserem Weg zu deinem unendlichen Licht.
Danke, dass du alle Tage bei uns bist.
Ermutige uns bitte in unserem Kampf
für Gerechtigkeit, Liebe und Frieden.

Enzyklika „Laudato si'" über die Sorge für das gemeinsame Haus,
Sonntag, 24. Mai 2015

Die Herde Gottes geht gemeinsam voran
Wenn wir begreifen, dass »Kirche und Synode Synonyme sind«, wie der heilige Johannes Chrysostomos sagt – denn die Kirche ist nichts anderes als das „gemeinsame Vorangehen" der Herde Gottes auf den Pfaden der Geschichte zur Begegnung mit Christus, dem Herrn –, dann begreifen wir auch, dass in ihrem Innern niemand über die anderen „erhöht" werden kann. Im Gegenteil, in der Kirche ist es notwendig, dass jemand sich „erniedrigt", um sich unterwegs in den Dienst der Brüder und Schwestern zu stellen.
Jesus hat die Kirche gegründet und an ihre Spitze das Apostelkollegium gestellt, in dem der Apostel Petrus der »Fels« ist (vgl. *Mt* 16,18), derjenige, der die Brüder und Schwestern im Glauben »stärken« soll (vgl. *Lk* 22,32). Doch in dieser Kirche befindet sich der Gipfel wie bei einer auf den Kopf gestellten Pyramide unterhalb der Basis. Darum werden diejenigen, welche die Autorität ausüben, „*ministri* – Diener" genannt, denn im ursprünglichen Sinn des Wortes „*minister*" sind sie die Kleinsten von allen. Im Dienst am Volk Gottes wird jeder Bischof für den ihm anvertrauten Teil der Herde zum *vicarius Christi*, zum Stellvertreter jenes Jesus, der sich beim Letzten Abendmahl niedergekniet hat, um den Aposteln die Füße zu waschen (vgl. *Joh* 13,1-15). Und in gleicher Sichtweise ist der

Nachfolger Petri nichts anderes als der *servus servorum Dei* – der Diener der Diener Gottes.

50-Jahr-Feier der Errichtung der Bischofssynode, Ansprache,
Samstag, 17. Oktober 2015

Heilige Pforten der Barmherzigkeit
Dieses Außerordentliche Heilige Jahr ist selbst ein Geschenk der Gnade. Durch diese Pforte einzutreten bedeutet, die Tiefe der Barmherzigkeit des Vaters zu entdecken, der alle aufnimmt und jedem persönlich entgegengeht. Er ist es, der uns sucht; er ist es, der uns entgegenkommt! Es wird ein Jahr sein, in dem man sich *immer mehr von der Barmherzigkeit überzeugen* kann. Wieviel Unrecht wird Gott und seiner Gnade getan, wenn man vor allem behauptet, dass die Sünden durch sein Gericht bestraft werden, anstatt allem voranzustellen, dass sie von seiner Barmherzigkeit vergeben werden! […] Wir müssen die Barmherzigkeit dem Gericht voranstellen, und in jedem Fall wird das Gericht Gottes immer im Licht seiner Barmherzigkeit stehen. Möge das Durchschreiten der Heiligen Pforte uns also das Gefühl vermitteln, *Anteil zu haben an diesem Geheimnis der Liebe, der zärtlichen Zuwendung.* Lassen wir jede Form von Angst und Furcht hinter uns, denn das passt nicht zu dem, der geliebt wird; erleben wir vielmehr *die Freude über die Begegnung mit der alles verwandelnden Gnade!*

Außerordentliches Jubiläum der Barmherzigkeit, Heilige Messe und Öffnung
der Heiligen Pforte, Predigt, Dienstag, 8. Dezember 2015

2016

Familienleben
133. [...] In der Familie ist es nötig [...], drei Worte zu gebrauchen [...]: „darf ich?", „danke" und „entschuldige". Drei Schlüsselworte! Wenn man in einer Familie nicht aufdringlich ist und „darf ich?" fragt, wenn man in einer Familie nicht egoistisch ist und lernt, „danke!" zu sagen, und wenn in einer Familie einer merkt, dass er etwas Hässliches getan hat, und es versteht, „entschuldige!" zu sagen, dann herrschen in jener Familie Frieden und Freude. Seien wir nicht kleinlich mit dem Gebrauch dieser Worte, seien wir großzügig, sie Tag für Tag zu wiederholen, denn schwer lastet so manches Schweigen, manchmal auch in der Familie, zwischen Eheleuten, zwischen Eltern und Kindern, unter Geschwistern. Demgegenüber schützen und nähren die passenden Worte, im richtigen Moment gesagt, die Liebe Tag für Tag.
Nachsynodales Apostolisches Schreiben „Amoris laetitia", 19. März 2016

Die Würde unseres gemeinsamen Menschseins
Ich wollte heute bei euch sein. Ich möchte euch sagen, dass ihr nicht alleine seid. In diesen Monaten und Wochen habt ihr auf eurer Suche nach einem besseren Leben viel Leid erfahren. Viele von euch haben sich gezwungen gesehen, aus Situationen des Konfliktes und der Gewalt zu fliehen, vor allem um eurer Kinder willen, den Kleinsten zuliebe. Ihr habt für eure Familien große Opfer auf euch genommen. Ihr kennt den Schmerz, alles zurückgelassen zu haben, was euch lieb war, und – was vielleicht am schwersten ist – nicht zu wissen, was die Zukunft bringen wird. Auch viele andere warten wie ihr in Lagern oder Städten in der Hoffnung, auf diesem Kontinent ein neues Leben aufzubauen.

Ich bin hierhergekommen mit meinen Brüdern, dem Patriarchen Batholomäus und dem Erzbischof Hieronymos, einfach um bei euch zu sein und eure Geschichten anzuhören. Wir sind gekommen, um die Aufmerksamkeit der Welt auf diese schwere humanitäre Krise zu lenken und ihre Lösung zu erflehen. Als Männer des Glaubens möchten wir unsere Stimmen vereinen und offen in eurem Namen sprechen. Wir hoffen, dass die Welt diese Situationen tragischer und wirklich verzweifelter Not beachtet und in einer Weise reagiert, die unserem gemeinsamen Menschsein würdig ist.

Gott hat die Menschheit so erschaffen, dass sie eine einzige Familie bilden sollte; wenn irgendeiner unserer Brüder und Schwestern leidet, sind wir alle betroffen. Wir alle wissen aus Erfahrung, wie leicht es einigen fällt, vom Leiden der anderen keine Notiz zu nehmen und sogar ihre Verwundbarkeit auszunutzen. Aber wir wissen auch, dass diese Krisen unser Bestes zutage fördern können. Das habt ihr bei euch selbst und im griechischen Volk gesehen, das inmitten seiner eigenen Schwierigkeiten großherzig auf eure Not reagiert hat. Ihr habt es auch bei den vielen Menschen – besonders bei den Jugendlichen aus ganz Europa und der Welt – gesehen, die gekommen sind, um euch zu helfen. Ja, und so viel mehr muss noch getan werden! Doch lasst uns Gott danken, dass er uns in unserem Leiden niemals alleinlässt. Immer gibt es jemanden, der eine Hand reichen und uns helfen kann.

Besuch bei den Flüchtlingen, Ansprache von seiner Seligkeit Hieronymus, Erzbischof von Athen und ganz Griechenland, seiner Heiligkeit Bartholomaios, ökumenischer Patriarch von Konstantinopel, und von Papst Franziskus, Flüchtlingslager Moria, Lesbos, Samstag, 16. April 2016

Mutter Europa

Ich träume von einem jungen Europa, das fähig ist, noch Mutter zu sein: eine Mutter, die Leben hat, weil sie das Leben achtet und Hoffnung für das Leben bietet. Ich träume von einem Europa, das sich um das Kind kümmert, das dem Armen brüderlich beisteht und ebenso dem, der Aufnahme suchend kommt, weil er nichts mehr hat und um Hilfe bittet. Ich träume von einem Europa, das die Kranken und die alten Menschen anhört und ihnen Wertschätzung entgegenbringt, auf dass sie nicht zu unproduktiven Abfallsgegenständen herabgesetzt werden. Ich träume von einem Europa, in dem das Migrantsein kein Verbrechen ist, sondern vielmehr eine Einladung zu einem größeren Einsatz mit der Würde der ganzen menschlichen Person. Ich träume von einem Europa, wo die jungen Menschen die reine Luft der Ehrlichkeit atmen, wo sie die Schönheit der Kultur und eines einfachen Lebens lieben, die nicht von den endlosen Bedürfnissen des Konsumismus beschmutzt ist; wo das Heiraten und der Kinderwunsch eine Verantwortung wie eine große Freude sind und kein Problem darstellen, weil es an einer hinreichend stabilen Arbeit fehlt. Ich träume von einem Europa der Familien mit einer echt wirksamen Politik, die mehr in die Gesichter als auf die Zahlen blickt und mehr auf die Geburt von Kindern als auf die Vermehrung der Güter achtet. Ich träume von einem Europa, das die Rechte des Einzelnen fördert und schützt, ohne die Verpflichtungen gegenüber der Gemeinschaft außer Acht zu lassen. Ich träume von einem Europa, von dem man nicht sagen kann, dass sein Einsatz für die Menschenrechte an letzter Stelle seiner Visionen stand.

Verleihung des Karlspreises, Ansprache, Freitag, 6. Mai 2016

2017

Die Kirche ist kein Supermarkt
Denken wir an eine Pfarrei, an ein Bischofshaus, wir wissen nicht, ob wir im Haus Gottes sind oder in einem Supermarkt: da wird Handel betrieben, da ist auch eine Preisliste für die Sakramente [und es] fehlt die Unentgeltlichkeit. [Doch] Gott hat uns unentgeltlich gerettet, er hat uns nichts zahlen lassen. [Wir müssen dazu beitragen,] dass unsere Kirchen, unsere Pfarreien kein Supermarkt sind: damit sie Haus des Gebets sind, damit sie keine Räuberhöhle sind, sondern unentgeltlicher Dienst.

Frühmesse im vatikanischen Gästehaus „Domus sanctae Marthae",
Freitag, 24. November 2017

2018

Ich verlasse mich auf euch!
Gottes Gnade berührt das Heute eures Lebens, sie „packt" euch, so wie ihr seid, mit all euren Ängsten und Grenzen, doch offenbart sie auch die wunderbaren Pläne Gottes! Ihr Jugendlichen sollt hören, dass jemand wirklich Vertrauen in euch hat: Ihr sollt wissen, dass der Papst sich auf euch verlässt, dass die Kirche sich auf euch verlässt! Und ihr, verlasst euch auf die Kirche!

Botschaft zum 33. Weltjugendtag, Sonntag, 11. Februar 2018

Sei heilig!
14. […] Bist du ein Gottgeweihter oder eine Gottgeweihte? Sei heilig, indem du deine Hingabe freudig lebst. Bist du verheiratet? Sei heilig, indem du deinen Mann oder deine Frau liebst und umsorgst, wie Christus es mit der Kirche getan hat.

Bist du ein Arbeiter? Sei heilig, indem du deine Arbeit im Dienst an den Brüdern und Schwestern mit Redlichkeit und Sachverstand verrichtest. Bist du Vater oder Mutter, Großvater oder Großmutter? Sei heilig, indem du den Kindern geduldig beibringst, Jesus zu folgen. Hast du eine Verantwortungsposition inne? Sei heilig, indem du für das Gemeinwohl kämpfst und auf deine persönlichen Interessen verzichtest.

Apostolisches Schreiben „Gaudete et exultate" über den Ruf zur Heiligkeit in der Welt von heute, Montag, 19. März 2018

2019

Die Krankheit der Fremdenfeindlichkeit
[Die Fremdenfeindlichkeit] ist ein Problem, das ist eine menschliche Krankheit, wie Masern... Es ist eine Krankheit, die kommt, die in ein Land, in einen Kontinent eindringt ... Und wir errichten Mauern; und die Mauern machen die, die sie erbauen, einsam. Ja, sie lassen viele Menschen draußen, aber diejenigen, die innerhalb der Mauern bleiben, werden allein bleiben und am Ende irgendwann von mächtigen Invasionen besiegt werden. Fremdenfeindlichkeit ist eine Krankheit, eine Krankheit, die sich zu rechtfertigen versucht: mit der Reinheit der Rasse zum Beispiel, um eine Fremdenfeindlichkeit des letzten Jahrhunderts zu nennen. Und die verschiedenen Arten von Fremdenfeindlichkeit machen sich manchmal den sogenannten politischen Populismus zunutze. Ich sagte letzte oder vorletzte Woche, dass ich manchmal Reden höre, die denen von Hitler 1934 ähneln. Man sieht, dass das in Europa wiederkehrt...

Apostolische Reise von Papst Franziskus nach Mosambik, Madagaskar und Mauritius, Pressekonferenz auf dem Rückflug nach Rom, Dienstag, 10. September 2019

2020

Wir brauchen Barmherzigkeit
Heute sprechen wir über die fünfte Seligpreisung, die lautet: »Selig die Barmherzigen; denn sie werden Erbarmen finden« (*Mt* 5,7). In dieser Seligpreisung gibt es eine Besonderheit. Es ist die einzige, in der die Ursache und die Frucht der Glückseligkeit übereinstimmen: die Barmherzigkeit. Wer Barmherzigkeit übt, dem wird Barmherzigkeit zuteil, er wird »Erbarmen finden«.

Es gibt zwei Dinge, die man nicht voneinander trennen kann: die Vergebung, die man gewährt, und die Vergebung, die man empfängt. Aber viele Menschen können nicht vergeben. Oft ist das erlittene Übel so groß, dass vergeben zu können erscheint, als sollte man einen sehr hohen Berg erklimmen: eine enorme Anstrengung. Und man denkt: Es geht nicht, das kann man nicht. Die Tatsache der Wechselseitigkeit der Barmherzigkeit zeigt, dass wir die Perspektive umkehren müssen. Allein können wir es nicht, wir brauchen die Gnade Gottes, wir müssen darum bitten. Denn wenn die fünfte Seligpreisung verheißt, Erbarmen zu finden, und wir im Vaterunser um die Vergebung der Schuld bitten, dann bedeutet das, dass wir grundsätzlich Schuldner sind und Erbarmen finden müssen!

Wir alle sind Schuldner. Alle. Gegenüber Gott, der so großherzig ist, und gegenüber den Brüdern und Schwestern. Jeder Mensch weiß, dass er nicht der Vater oder die Mutter ist, der oder die er sein sollte, der Ehemann oder die Ehefrau, der Bruder oder die Schwester, der oder die er sein sollte. Wir alle stehen im »Defizit« im Leben. Und wir brauchen Barmherzigkeit. Wir wissen, dass auch wir Böses getan haben; es fehlt immer etwas am Guten, das wir getan haben sollten. Aber gerade unsere Armut wird zur Kraft, um zu vergeben!

Wir sind Schuldner, und wenn uns, wie wir eingangs gehört haben, nach dem Maß, mit dem wir messen, zugemessen wird (vgl. *Lk* 6,38), dann sollten wir das Maß erweitern und die Schuld erlassen, vergeben. Jeder muss sich daran erinnern, dass er vergeben muss, dass er Vergebung braucht, dass er Geduld braucht; das ist das Geheimnis der Barmherzigkeit: Wer vergibt, dem wird vergeben. Darum geht Gott uns voraus und vergibt uns als erster (vgl. *Röm* 5,8).

Ich erinnere mich, dass dieses Thema bereits im ersten Angelus gewählt wurde, den ich als Papst beten durfte: die Barmherzigkeit. Und das hat sich mir zutiefst eingeprägt, gleichsam wie eine Botschaft, die ich als Papst immer verkünden sollte, eine tägliche Botschaft: die Barmherzigkeit. Ich erinnere mich, dass ich an jenem Tag auch etwas »unverschämt« gewesen bin und Werbung für ein Buch über die Barmherzigkeit gemacht habe, das gerade von Kardinal Kasper veröffentlicht worden war. Und an jenem Tag habe ich sehr stark gespürt, dass dies die Botschaft ist, die ich vermitteln muss, als Bischof von Rom: Barmherzigkeit, Barmherzigkeit, bitte, Vergebung. Die Barmherzigkeit Gottes ist unsere Befreiung und unsere Glückseligkeit. Wir leben von der Barmherzigkeit und dürfen uns nicht erlauben, ohne Barmherzigkeit zu sein: Sie ist die Luft zum Atmen. Wir sind zu arm, um Bedingungen zu stellen, wir müssen vergeben, weil wir Vergebung empfangen müssen.

Generalaudienz, Mittwoch, 18. März 2020

Bleiben wir vereint!

In diesen Tagen der Prüfung, während die Menschheit unter der Bedrohung durch die Pandemie erzittert, möchte ich alle Christen aufrufen, ihre Stimmen gemeinsam zum Himmel zu erheben. Ich lade alle Oberhäupter der Kirchen und die Führer aller christlichen Gemeinschaften gemeinsam mit allen Christen der verschiedenen Konfessionen ein, den Allerhöchsten, den allmächtigen Gott, anzurufen und alle gleichzeitig das Gebet zu sprechen, das Jesus, unser Herr, uns gelehrt hat. Ich lade daher alle ein, dies mehrfach am Tag zu tun, aber alle zusammen *das Vaterunser am kommenden Mittwoch, 25. März, um die Mittagszeit zu beten*, alle zusammen. An dem Tag, an dem viele Christen der Verkündigung der Menschwerdung des Wortes an die Jungfrau Maria gedenken, möge der Herr das einmütige Gebet aller seiner Jünger hören, die sich darauf vorbereiten, den Sieg des auferstandenen Christus zu feiern.

Auf die Pandemie des Virus wollen wir mit der Universalität des Gebets, des Mitleids und der Zärtlichkeit antworten. Bleiben wir vereint. Lassen wir die einsamsten und am meisten geprüften Menschen unsere Nähe spüren. Unsere Nähe zu den Ärzten, den Gesundheitsfachkräften, den Krankenschwestern und Krankenpflegern, den Freiwilligen... Unsere Nähe zu den Verantwortungsträgern, die harte Maßnahmen ergreifen müssen, aber zu unserem eigenen Wohl. Unsere Nähe zu den Polizisten, zu den Soldaten, die immer versuchen, auf der Straße die Ordnung aufrechtzuerhalten, damit die Dinge, die die Regierung uns abverlangt, zum Wohle aller getan werden können. Nähe zu allen.

Angelus, Sonntag, 22. März 2020

Das Angesicht Gottes in jedem Menschen

Angesichts einer Herausforderung, die keine Grenzen kennt, kann man keine Barrieren errichten. Wir sitzen alle im gleichen Boot. Jeder Mensch ist mein Bruder oder meine Schwester. In jeder Person sehe ich das Angesicht Gottes widergespiegelt, und in den Leidenden werde ich des Herrn

gewahr, der mich um Hilfe bittet. Ich sehe ihn im Kranken, im Armen, im Arbeitslosen, im Ausgegrenzten, im Migranten und Flüchtling. Sie alle sind Brüder und Schwestern!
Botschaft „Urbi et orbi", Weihnachten, Freitag, 25. Dezember 2020

2021

Liebe und Heldenmut
Die wahre Originalität heute, die wahre Revolution, besteht darin, sich gegen die Kultur des Provisorischen aufzulehnen, über den Instinkt und den Augenblick hinauszugehen, das Leben lang und mit der ganzen eigenen Person zu lieben. Wir sind nicht hier, um uns irgendwie durchzuschlagen, wir sind hier, um aus unserem Leben ein Abenteuer zu machen. Ihr alle habt gewiss bedeutende Geschichten im Kopf, die ihr in Romanen gelesen, in unvergesslichen Filmen gesehen oder in bewegenden Erzählungen gehört habt. Wenn man darüber nachdenkt, gibt es in großen Geschichten immer zwei Komponenten: eine ist die Liebe, die andere das Abenteuer, der Heldenmut. Diese beiden Komponenten gehören immer zusammen. Damit das Leben großartig wird, braucht es beides: Liebe und Heldenmut. Schauen wir auf Jesus, schauen wir auf den Gekreuzigten, da finden wir beides: grenzenlose Liebe und den Mut, sein Leben ganz und gar – und nicht nur teilweise – hinzugeben. [...] Bitte, lassen wir die Tage unseres Lebens nicht wie die Episoden einer Seifenoper vorüberziehen.
Apostolische Reise von Papst Franziskus zur Abschlussmesse des 52. Eucharistischen Weltkongresses in Budapest und in die Slowakei, Begegnung mit den Jugendlichen, Ansprache, Dienstag, 14. September 2021

2022

Den Krieg abschaffen
Der Krieg zerstört nicht nur die Gegenwart, sondern auch die Zukunft einer Gesellschaft. Ich habe gelesen, dass seit dem Beginn des Angriffs auf die Ukraine jedes zweite Kind aus dem Land vertrieben worden ist. Das bedeutet, die Zukunft zu zerstören und bei den Jüngsten und Unschuldigsten unter uns dramatische Traumata zu verursachen. Das ist die Bestialität des Krieges, ein barbarischer und gotteslästerlicher Akt!
Der Krieg darf nichts Unvermeidliches sein: wir dürfen uns nicht an den Krieg gewöhnen! Vielmehr müssen wir die Empörung von heute in das Engagement von morgen verwandeln. Denn wenn wir aus dieser Geschichte genauso hervorgehen wie vorher, dann werden wir alle auf die eine oder andere Art schuldig sein. Angesichts der Gefahr der Selbstzerstörung möge die Menschheit begreifen, dass die Zeit gekommen ist, den Krieg abzuschaffen, ihn aus der Geschichte der Menschheit zu tilgen, bevor er den Menschen aus der Geschichte tilgt.
Ich bitte jeden politischen Verantwortungsträger, darüber nachzudenken und sich dafür einzusetzen! Und mit Blick auf die gequälte Ukraine zu verstehen, dass jeder Kriegstag die Situation für alle verschlimmert. Deshalb erneuere ich meinen Appell: genug, haltet ein, die Waffen mögen schweigen, verhandelt ernsthaft über den Frieden! Lasst uns erneut und unermüdlich zur Königin des Friedens beten, der wir die Menschheit, insbesondere Russland und die Ukraine, mit großer und inniger Beteiligung geweiht haben. Lasst uns gemeinsam beten. Gegrüßt seist du, Maria ...

Angelus, Sonntag, 27. März 2022

Die Hand zum Herzen führen
Ich komme zu euch als Gottgläubiger, als ein Bruder und Pilger des Friedens. Ich komme zu euch, um mit euch gemeinsam unterwegs zu sein, im Geiste von Franz von Assisi, der zu sagen pflegte: »Wie ihr mit dem Mund den Frieden verkündet, so, und noch mehr, sollt ihr ihn in eurem Herzen festhalten«. Es hat mich berührt zu sehen, dass es in diesen Ländern hier Brauch ist, beim Willkommenheißen eines Gastes nicht nur dessen Hand zu ergreifen, sondern die Hand als Zeichen der Zuneigung auch zum eigenen Herzen zu führen. Wie um zu sagen: Deine Person bleibt mir nicht fern, sie tritt in mein Herz ein, in mein Leben.

Apostolische Reise ins Königreich Bahrain, Begegnung mit den Mitgliedern des Muslimischen Ältestenrates, Ansprache, Freitag 4. November 2022

Zeitleiste

2013 *13. März*
Wahl von Kardinal Jorge Mario Bergoglio zum Papst. Er gibt sich den Namen Franziskus
29. Juni
Enzyklika „*Lumen fidei*" über den Glauben
8. Juli
Besuch auf der Flüchtlingsinsel Lampedusa
23.–28. Juli
Weltjugendtag in Rio de Janeiro
24. November
Apostolisches Schreiben „*Evangelii gaudium*" über die Verkündigung des Evangeliums in der Welt von heute

2014 *24.–26. Mai*
Pilgerreise ins Heilige Land
13.-18. August
Apostolische Reise in die Republik Korea aus Anlass des VI. Asiatischen Jugendtags
21. September
Apostolische Reise nach Tirana in Albanien
25. November
Besuch beim Europaparlament und beim Europarat in Straßburg
28.–30. November
Apostolische Reise in die Türkei

2015 *12.–19. Januar*
Apostolische Reise nach Sri Lanka und auf die Philippinen

24. Mai
Enzyklika „*Laudato si'*" über die Sorge für das gemeinsame Haus
6. Juni
Apostolische Reise nach Sarajevo (Bosnien und Herzegowina)
5.–13. Juli
Apostolische Reise nach Ecuador, Bolivien und Paraguay
19.–28. September
Apostolische Reise nach Kuba und in die USA sowie Besuch bei den Vereinten Nationen
15. November
Besuch der evangelisch-lutherischen Kirche in Rom
25.–30. November
Apostolische Reise nach Kenia, Uganda und die Zentralafrikanische Republik

2016 *12.–18. Februar*
Apostolische Reise nach Mexiko
19. März
Apostolisches Schreiben „*Amoris laetitia*" über die Liebe in der Familie
16. April
Besuch des Flüchtlingslagers auf Lesbos (Griechenland)
6. Mai
Verleihung des Internationalen Karlspreises zu Aachen in Rom
24.–26. Juni
Apostolische Reise nach Armenien
27.–31. Juli
Weltjugendtag in Krakau

30. September–2. Oktober
Apostolische Reise nach Georgien und Aserbaidschan
31. Oktober–1. November
Apostolische Reise nach Schweden zum gemeinsamen lutherisch-katholischen Gedenken der Reformation

2017 *28.–29. April*
Apostolische Reise nach Ägypten
12.–13. Mai
Pilgerreise zum Heiligtum unserer lieben Frau von Fatima zum 100. Jahrestag der Erscheinung der Jungfrau Maria in der Höhle Cova da Iria
6.–11. September
Apostolische Reise nach Kolumbien
26. November–2. Dezember
Apostolische Reise nach Myanmar und Bangladesch

2018 *15.–22. Januar*
Apostolische Reise nach Chile und Peru
19. März
Apostolisches Schreiben „*Gaudete et exultate*" über den Ruf zur Heiligkeit in der Welt von heute
21. Juni
Besuch beim Weltkirchenrat in Genf
25.–26. August
Apostolische Reise nach Irland zum Weltfamilientreffen in Dublin
22.–25. September
Apostolische Reise nach Litauen, Lettland und Estland

2019 *23.–28. Januar*
Weltjugendtag in Panama

3.–5. Februar
Apostolische Reise in die Vereinigten Arabischen Emirate
25. März
Apostolisches Schreiben „*Christus vivit*" an die jungen Menschen und an das ganze Volk Gottes
30.–31. März
Apostolische Reise nach Marokko
5.-7. Mai
Apostolische Reise nach Bulgarien und Nordmazedonien
31. Mai–2. Juni
Apostolische Reise nach Rumänien
4.–10. September
Apostolische Reise nach Mosambik, Madagaskar und Mauritius
6.–27. Oktober
Sonderversammlung der Bischofssynode „Amazonien: Neue Wege für die Kirche und für eine ganzheitliche Ökologie"
19.–26. November
Apostolische Reise nach Thailand und Japan

2020 *12. Februar*
Apostolisches Schreiben „*Querida Amazonia*" an das Volk Gottes und an alle Menschen guten Willens
27. März
Gebet auf dem leeren Petersplatz um ein Ende der Pandemie
3. Oktober
Enzyklika „*Fratelli tutti*" über die Geschwisterlichkeit und die soziale Freundschaft

2021 *5.–8. März*
Apostolische Reise in den Irak
12.–15. September
Apostolische Reise zur Abschlussmesse des 52. Eucharistischen Weltkongresses in Budapest und in die Slowakei
2.–6. Dezember
Apostolische Reise nach Zypern und Griechenland

2022 *19. März*
Apostolische Konstitution *„Praedicate Evangelium"* über die römische Kurie und ihren Dienst in der Welt
2.–3. April
Apostolische Reise nach Malta
24.–30. Juli
Apostolische Reise nach Kanada
13.–15. September
Apostolische Reise nach Kasachstan
3.–6. November
Apostolische Reise ins Königreich Bahrain
14.–19. November
Ad-limina-Besuch der deutschen Bischöfe bei Papst Franziskus

2023 *31. Januar–5. Februar*
Apostolische Reise in die Demokratische Republik Kongo und den Südsudan

Kurzbiografien der Autoren

Jürgen Erbacher (*1970 in Hardheim) ist Theologe, Politikwissenschaftler und Journalist. Als Experte für Theologie, Kirche, Vatikan und den Papst leitet er die Redaktion „Kirche und Leben katholisch" beim ZDF und hält sich dafür regelmäßig in Rom auf. Seit 2012 verantwortet er den Blog „Papstgeflüster", in dem er über Interessantes aus dem Vatikan berichtet.

Bernd Hagenkord SJ (1968-2021) war Jesuit und Journalist. Er studierte Geschichte, Journalismus und Theologie. Nach seiner Priesterweihe 2002 wurde er Jugendseelsorger in Hamburg. Er leitete von 2009-2019 die Redaktion der deutschsprachigen Sektion von Radio Vatikan. In Folge einer Krebserkrankung starb Pater Hagenkord 2021 in München.

Stefan von Kempis (*1970 in Bonn) studierte Geschichte, Theologie, Literaturwissenschaften, Arabisch und Islamwissenschaften in Bonn, Paris, Freiburg, Rom und Kairo. Bei Radio Vatikan ist er seit 1995 als Redakteur und später als stellvertretender Redaktionsleiter und als kommissarischer Leiter beschäftigt. 2019 übernahm er die Nachfolge von Bernd Hagenkord als Leiter der deutschsprachigen Sektion.

Bildnachweis

2013 © 2016, KNA GmbH, www.kna.de, All Rights Reserved

2014 © picture alliance / AP Photo | Andrew Medichini

2016 © picture alliance / AP Images | Uncredited

2017 © 2017, KNA GmbH, www.kna.de, All Rights Reserved

2018 © picture alliance / Donatella Giagnori / Eidon/MAXPPP/dpa | Donatella Giagnori / Eidon

2019 © 2013, KNA GmbH, www.kna.de, All Rights Reserved

2020 © picture alliance / Stefano Spaziani | Stefano Spaziani

2021 © 2021, KNA GmbH, www.kna.de, All Rights Reserved

2022 © 2022, KNA GmbH, www.kna.de, All Rights Reserved